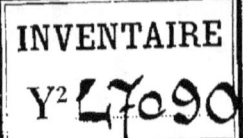

# LE
# COMPTOIR,
## LA PLUME
## ET L'ÉPÉE,

PAR

E. L. B. DE LAMOTHE LANGON,

Auteur de M. le Préfet, le Chancelier, et les Censeurs, etc., etc.

TOME PREMIER.

PARIS.

LIBRAIRIE DE CHARLES GOSSELIN,
RUE SAINT-GERMAIN-DES-PRÉS, N° 9.

M DCCC XXXIV.

# LE COMPTOIR,

## LA PLUME ET L'ÉPÉE.

IMPRIMERIE D'ÉVERAT,
Rue du Cadran, n. 16.

# LE COMPTOIR,

## LA PLUME

## ET L'ÉPÉE,

PAR

E. L. B. DE LAMOTHE LANGON.

..... *Ridentem dicere verum*
*quid vetat?*
Rien n'empêche de dire la vérité en riant.
HORACE, sat. 1, liv. 1.

**TOME PREMIER.**

PARIS,
LIBRAIRIE DE CHARLES GOSSELIN,
RUE SAINT-GERMAIN-DES-PRÉS, N° 9.
M DCCC XXXIV.

# CHAPITRE PREMIER.

> On n'est habile à faire ressortir les défauts d'autrui que lorsque soi-même on prête à la médisance !
>
> *Recueil de Maximes.*

# Une Conversation à l'Opéra.

— Vous avez donc changé de logement?
— Je veux être tranquille, en dehors du tumulte et de la cohue, en arrière de la méchanceté qui s'attache après moi avec une fureur!... Vous savez comme on m'a traitée, mon cher Jusan!

— Qui ne poursuit-on pas! moi, par exemple, les envieux me laissent-ils en repos?

— Vous êtes riche, vous êtes député; le ministère vous comble de ses faveurs, voilà des titres à la haine.

— C'est comme vous, ma chère amie, belle, *fortunée*, aimable, vous plaisez tant qu'on ne peut vous souffrir.

— Ils disent que vous êtes flatteur.

— Que vous vivez à la diable.

— On ne vous passe aucune faveur de la cour.

— On met une attention maligne à tenir à jour le nombre de vos amans.

— On dénie votre éloquence.

— Et vos succès littéraires! comme on s'attache à les attribuer à un ami secret.

— Aussi ai-je pris le monde en détestation et me suis-je reléguée en fin fond de province.

— Où donc, ma chère amie?

— Au Marais, rue Saint-Louis, n°... C'est un hôtel superbe, il y a des jardins immenses, un air pur, une étrangeté qui me plaît, et puis bonne compagnie... Ah! voilà madame Cinti-Damoreau qui entre en scène, je ne puis la souffrir.

— Sa voix est charmante.

— Et les grimaces, qu'en dites-vous?

— Elle est bien.

— Précieuse pimbêche! Vous autres hommes, vous vous accommodez du premier chat coiffé...

— Ah! pardon, j'oubliais Saint-Noël.

— Vous êtes un monstre, vous ne valez pas plus que le reste de vos semblables.

— Je serais très-fâché d'être homme de bien, la vertu est si ennuyeuse!

— Et à tel point, que je n'en veux plus, même dans mes romans.

— Oh! je vois que vous tenez à faire maison nette.

Madame de Mareil se mit à rire.

— Savez-vous, Jusan, que votre propos frise l'impertinence; mais je suis bonne princesse.

— Où serait l'amitié si on manquait de

franchise, d'ailleurs, puisque vous donnez dans la réforme.

— Dans la retraite, s'il vous plaît, j'aime le mot propre.

— Dans le fait, à votre âge on ne jette pas le manche après la coignée... Vous voilà donc au Marais.

— Si j'eusse connu un point en France plus éloigné de Paris, j'aurais été m'y cacher. Ma dernière aventure a fait tant de bruit!

— Laquelle?

— Vous êtes un insolent.

— Et vous appelez bonne compagnie?...

— D'abord le propriétaire de l'hôtel, M. Morase, négociant estimé, et riche dignitaire dans la garde nationale, admis parmi les dupes du château et digne de sa prédilection, car il se ferait fesser pour un quart d'écu, ce qui n'empêche pas les dépenses de vanité. Puis sa fille, mademoiselle Astasie, jeune sotte que vous trouverez gentille parce que les personnes de votre sexe accordent toujours la beauté à celles du nôtre, lorsqu'elles sont au-dessous de vingt ans; Astasie est romantique et presque saint-simonienne, elle est déjà coquette et sera méchante; c'est une éducation à compléter. Elle a le mauvais ton de sa classe et les prétentions de la nôtre, j'en ferai quelque chose ou le temps me manquera.

— Vous savez l'employer si lestement, que malgré sa vitesse...

— Vient ensuite madame Doussel, sœur du sieur Morase, femme sur le retour, commère jalouse, haineuse, qui tient la maison de son frère, dont elle fait un enfer au petit pied; elle a surtout en bête noire une petite fille noble, nièce de Morase, enfant de dix-huit ans, sage, c'est-à-dire niaise; fort affolée de son nom qui est beau, mais pauvre... pauvre... Dix-huit cent livres de rente.

— Et vous vous occupez de cette espèce?

— Un nom superbe, vous ai-je dit.

— Un nom, cela ne veut rien dire, la noblesse aujourd'hui c'est l'argent.

— Soit, mais il est encore des préjugés à détruire, et la féodalité n'est pas morte. Appolline de Trencavel a d'ailleurs un frère âgé de vingt ans, cavalier remarquable par sa taille, sa tournure, sa physionomie. Au demeurant autre imbécile; il était, à la révolution de juillet, à l'école Saint-Cyr, monsieur n'a pas voulu prêter serment au roi de notre choix et il s'est retiré.

— Il mendie sans doute.

— Il s'est mis à étudier en droit.

— Il s'est fait républicain, peut-être ?

— Royaliste à épouvanter; c'est dommage, car avec son mérite il irait loin.

— Et voilà ce que vous appelez bonne compagnie ?

— Écoutez donc, dans la rue Saint-Louis!.. J'ajouterai Urbain Morase, fils du négociant, qui brûle de faire sa propre fortune en dehors de celle de son père, qui prend des actions dans toutes les entreprises du moment. Coureur de Bourse, industriel au suprême degré, fait pour réussir, car il est égoïste, et il n'y a qu'eux qui vont loin. Enfin nous avons dans des mansardes de l'hôtel un chevalier de Lens, vieillard malicieux, entêté, abhorrant l'époque actuelle; qui vient d'Amérique, d'Espagne, je ne sais d'où; frondeur caustique et dont l'unique plaisir est de contredire.

— Ah! vous êtes en société avec les mansardes?

— Nous avons mieux; car parmi les amis des Morase; il y a le général baron de Malvière.

— Un de mes collègues à la chambre, homme d'honneur et fidèle aux trente sermens qu'il a prêtés.

— Son fils Ernest...

— Jeune France, sous ces dehors du siècle, il a des principes arrêtés.

— Oui, lui pareillement donna, au 7 août 1830, sa démission du grade de capitaine, il jouit du désespoir de son père; nous l'estimons peu. On voit là encore l'avocat Denisal, ce défenseur zélé de l'orphelin et de la veuve.

— Ce qui veut dire qu'il mange aux dépens de la veuve et de l'orphelin.

— Nul n'a plus travaillé à renverser l'ancien régime, et on ne le récompense pas. Je crois qu'il voudrait marier son pupille Stephen Bérard à la fille de Morase : voilà les habitués du lieu, ah! j'oublie un admirable italien, fils d'un marchand de Naples, et qui vient faire à Paris un cours de commerce, le signor Rinaldi Fontereza ; non, il n'existe pas de physionomie plus puissante que la sienne, des yeux plus noirs, plus expressifs, une bouche plus gracieuse, et un air... un air... c'est un héros de roman, et lorsque je songe qu'il est destiné à tenir une aune, je m'indigne contre la destinée. Fils d'un correspondant du maître de la maison, il en est le commensal, quoiqu'il n'y loge pas; son domicile est rue du Parc royal.

— Comme vous vous en êtes soigneusement informée !

— C'est un miracle de beauté, vous ai-je dit ; j'ai d'ailleurs de la mémoire.

— Et quand on écrit il faut des modèles.

— Celui-là serait unique s'il était perverti ; mais que faire d'une sorte de Grandisson ?

— Oui, un mauvais sujet est préférable.
— Du moins est-il tout formé.
— Et le charme d'une éducation à faire ?
— La vôtre est complète.

— Je me serais remis sous votre protection.

— Venez me voir.

— Volontiers... Ah! voilà Vurier qui entre dans la salle !

— Un de nos illustres à qui il ne manque que du génie pour être quelque chose ; il est au reste tout en faveur au château, et là, pour aller loin, l'habileté n'est pas nécessaire.

— Prenez garde, Jusan, vous tirez sur vos chefs de file.

— En me donnant à eux, je me suis réservé la liberté de la parole.

— Et celle du vote.

— Il a bien fallu concéder quelque chose en retour de ce qu'on nous donne. La députation, si elle ne rapportait pas, serait une vraie folie ; se laisser tympaniser pour rien, ce serait sottise pure, et dans un siècle calculateur...

Madame de Mareil se mit à rire.

— En vérité, fallait-il renverser la branche aînée pour ne pas faire mieux...

— Pas faire mieux, vous vous trompez ;

on solde plus largement ceux qui se louent. Oh! nous sommes en pleins progrès.

Cette conversation avait lieu un jour d'opéra et dans une loge des secondes ; madame de Mareil était une veuve charmante, aussi belle qu'usagée et si ennemie des principes, comme elle le disait, qu'ils étaient bannis même de ses productions littéraires; femme auteur écrivant en vers et en prose, occupant les cent bouches de la renommée, elle était néanmoins, à cette époque, en une sorte d'éclipse nécessitée par quatre ou cinq aventures plus éclatantes les unes que les autres et dont les conséquences avaient commandé impérieusement un changement de position ; elle était partie de la Chaussée-d'Antin pour le Marais, et là, renonçant à se montrer avec trop d'éclat, elle menait une demi-vie de rentière; non que, de temps en temps, elle ne revînt à ses anciennes habitudes, à l'Opéra, par exemple, mais c'était en passant, en manière d'éclair, pour inspirer à certains le désir de la rencontrer ailleurs qu'au spectacle; c'était des jalons véritables plantés pour le tracé d'une vie à venir.

Le député Jusan est un de ces incorruptibles que les divers ministères ont toujours acquis à un prix courant et bien connu, à la bourse des consciences politiques ; c'est un des fidèles sur lesquels on compte parce qu'on a les moyens de les payer ; il ne manque ni d'esprit ni de jugement, aussi s'apprécie-t-il à sa valeur réelle, mais sans en avoir de honte parce qu'il sait qu'aujourd'hui tout le monde se vend ; dès lors, pourquoi rougir de ce que la mode autorise. Au reste, le député Jusan, comme il vient de le dire, s'il a engagé son vote, s'est réservé le droit de faire par ses propos une sorte d'opposition à laquelle les dupes de son endroit se laisseront prendre ; il aime la bonne chère, les plaisirs, le jeu et les dames, court les aventures, entame les affaires et mène de front la fortune et l'amour ; il a déjà rencontré madame de Mareil, s'est attaché à son char pendant une couple de mois, et puis est demeuré l'ami de la belle coquette, parce qu'il est difficile de se maintenir dans le rôle d'amant perpétuel d'une jolie femme qui adore la nouveauté.

La loge où l'on cause avec tant d'abandon tarde peu à être envahie par d'anciennes connaissances, par une demi-douzaine d'intimes tous empressés de savoir si madame de Mareil revient d'un grand voyage : elle répond que sa santé la retient à la campagne, *dans ses terres*; qu'elle est à Paris en passant; minaude avec l'un, joue le sentiment avec l'autre, se retient de manière à ne rentrer dans aucune intrigue secondaire; elle veut se contenter cette fois, et une pensée souveraine l'occupe.

Le général baron Malvière, qui la reconnaît, n'est pas le dernier à venir lui présenter ses hommages : il se range au nombre de ces débris de l'empire; homme de sabre et d'obéissance, passionné pour tout gouvernement qui paie, il est le type de cette fidélité militaire un peu trop en usage, à part de très-honorables exceptions; celui-là est courtisan au degré suprême. A Paris, il ne bouge du château; en province, de l'hôtel du premier président, de l'archevêché, et de la préfecture; il a tant d'envie de se pousser, quoique sa fortune soit faite, qu'il cajole l'univers entier. Lui aussi allait à la messe pendant le règne de Charles X, quoique ce ne fût pas nécessaire, et maintenant il n'y va pas, mais il y reviendra; à Saint-Roch, surtout, il peut y rencontrer la reine. C'est un homme de peu et qui s'estime beaucoup, il n'est pas sans mérite dans la carrière des armes ; mais il a une manie, il veut être ancien noble et il n'est même pas ancien roturier, il a bonne mine et est d'ailleurs si poli, si courbé, si souple, si coulant que tout l'état-major en apprendrait de lui ; et là pourtant on sait comment s'y prendre pour faire son chemin ; il est député et ne refuse jamais un vote au ministère ; il aspire à la pairie et ne se détourne pas de cet unique but.

Il entre dans la loge, et après avoir rendu ses hommages à madame de Mareil, se félicite de rencontrer son excellent et honorable collègue Jusan.

— C'est un des nôtres, dit-il, un inébranlable, qui n'a jamais penché à droite ou à gauche, il ne va qu'au centre, c'est un bon Français.

— Après vous, général baron, repart le député, vous le digne soutien du trône constitutionnel.

—Du roi de notre choix, cher collègue, de son auguste famille, je les porte tous dans mon cœur.

—Donnez-moi des nouvelles de votre fils, demande Jusan, qui, distrait au degré suprême, a oublié ce que lui a dit tout à l'heure madame de Mareil.

Mais le général prend un air solennel, se grandit; car il est de taille médiocre et se met à dire:

—Mon fils... je n'en ai pas.

Un cri échappe au député et à la dame.

—Quoi! dit celle-ci, M. Ernest... en êtes-vous séparé par la mort?

—Non, reprend Malvière, avec un peu plus d'importance, mais par les sentimens: c'est un carliste déhonté.

—Votre fils, s'écrie Jusan, et ayant sous les yeux votre exemple!

— Oui, mon ami; il a préféré se ranger dans les rangs des vassaux, il a donné la démission de son grade de capitaine, il a prétendu que sa fidélité... sa fidélité? il la devait à S. M. Louis-Philippe. Je lui dis:

Monsieur, sortez de chez moi, et n'y rentrez qu'avec une cocarde tricolore à votre chapeau et dans votre cœur.

— Mais c'est sublime, dit le député. L'ordre de choses doit vous en témoigner de la reconnaissance.

— Je ne demande rien... que la pairie et une augmentation de traitement.

— Les hommes désintéressés sont rares, repartit Jusan d'un ton pénétré.

— Et plus rares encore, dit le général, les fidèles à leurs souverains.

Madame de Mareil retenait tant qu'elle pouvait son envie de rire, et pour cela paraissait examiner avec attention ce qui se passait dans la salle. Tout à coup elle mordit ses lèvres, ses yeux étincelèrent et son front se colora. Qu'avait-elle vu?... qu'est-ce qui la troublait? pourquoi la fixité de son regard? à qui enfin en voulait-elle?

La voilà qui fait un signe, et un sourire joyeux court sur ses lèvres vermeilles. Les deux hommes qui sont là n'ont rien vu de ce manége ; une conversation politique les occupe, ils sont à mille lieues de ce qui peut troubler la tranquillité d'une jolie femme. Cependant elle se tourne vers l'intérieur de la loge comme pour s'assurer s'il y aura place pour un survenant... Elle en voit, et delà paraît plus contente. Dans ce moment, le général distrait par instinct du cas qui l'occupe s'interrompt dans la phrase commencée.

— Mon collègue, dit-il, voilà son excellence le ministre de l'intérieur qui entre, si nous allions lui présenter nos hommages respectueux?

Jusan qui veut une préfecture, en attendant une direction générale, tope à la proposition. Tous les deux sortent, et aussitôt madame de Mareil se dit, comme si on l'eût retirée de dessous un poids énorme :

— Ah Dieu! me voilà délivrée, que ma bonne étoile me préserve d'un autre monde d'ennuyeux...

La porte s'ouvre et celui qui se présente n'amène aucun nuage sombre sur une physionomie rayonnante. Il est, en effet, du nombre de ceux qu'on accueille toujours avec intérêt : on ne peut être plus beau, plus agréable; il unit à de l'esprit une vivacité rare sous le ciel de Paris, aussi n'est-ce point en France qu'il est né; c'est un enfant de l'Italie ardente et parfumée, un fils du soleil, né à l'ombre des orangers. Son costume est modeste et bien; il le relève ; sa parole est douce et ses gestes sont fiers. Madame de Mareil en le voyant :

—Oh! Fontoreza, que faites-vous ici, mon cher garçon? Quoi! perdu loin de la rue Saint-Louis! Votre patron serait-il venu à l'Opéra par extraordinaire, ou bien accompagnez-vous quelqu'un de la famille?

— Oh! oui... on m'a donné la permission... de visiter cette salle et je suis cruellement puni...

— La musique française vous déplaît?

— Je suis né à Naples.

— Aussi êtes-vous sans goût, mon enfant.

Ceci fut dit avec gaieté ; mais on pouvait y remarquer de la part de la dame une nuance de supériorité; un sourire malin retenu à moitié fut la réponse du jeune homme ; il se rappela ce que devait être un simple élève du commerce devant une femme qui se disait bien née et qui avait des prétentions comme si elle l'était réellement.

— Rinaldi, poursuivit-elle, vous avez encore des manières par trop étrangères et grand besoin de vous former.

— Je suis à Paris pour cela, et à mon école on est satisfait de ma conduite.

— Aunez-vous bien et êtes-vous déjà capable de tromper lestement l'acheteur ?

— Moi, madame, dit Fontoreza tandis qu'il se reculait et qu'un haut dédain se peignait dans ses yeux noirs si expressifs, je fais du commerce en honnête homme.

— Vous ne vous enrichirez guère, et les exemples nombreux que l'on vous donnera ici... Mais est-ce là tout ce que vous avez à apprendre? Une éducation n'est guère complète lorsqu'un adolescent s'attache à ses seuls travaux mercantiles ; il faut tendre à des succès universels, voir le monde, fréquenter les femmes... Ce n'est guère plus l'usage.

— En Italie leur plaire est toujours le bonheur.

— Et on a raison ; vous êtes jeune... et quoique j'aie à peine votre âge... (je crois même ne pas l'avoir), je peux vous conseiller... vous diriger... je prends à vous un intérêt sincère.

Madame de Mareil s'arrêta, et son hésitation, les inflexions de sa voix, les regards incertains qui leur donnaient une expression particulière, tout ensemble disait plus encore que les paroles, et un Français ne s'y serait pas trompé... un Italien n'est certes pas plus malhabile ; mais qu'ils sont plongés dans des ténèbres profondes, ceux-là qui veulent volontairement être aveugles ! Je ne sais si le jeune Rinaldi Fontoreza était ainsi ; ce qui eut lieu fut que, relevant sa tête et amenant sur son visage une niaiserie cruellement maligne, il remercia en termes hyperboliques la jolie coquette, et n'alla pas au-delà ; ce n'était point ce qu'elle attendait. Le dépit parut un instant vouloir prendre la place de l'intérêt d'affection ; mais on se piqua au jeu et on prétendit réussir; pour cela le texte direct fut abandonné. La conversation tourna vite sur des futilités indifférentes. La chronique scandaleuse du Marais fut mise en jeu; on parla de l'intérieur de la maison de M. Morase, et la dame subitement:

— Que vous semble d'Astasie?

— C'est une demoiselle... très-aimable.

— Et fort riche!

— Oh! cela ne gâte rien.

Le marchand se retrouve à tout âge dans celui qui doit l'être, pensa tout bas madame de Mareil; et tout haut elle dit :

— Ce serait un bon parti.

Fontoreza se tut.

— Je crois la cousine plus jolie.

Fontoreza ne répondit pas.

— Que vous en semble?

— Mais elles sont bien toutes deux.

— Apolline est pauvre, elle se mariera difficilement.

— Oui, l'épouser ne serait pas une bonne affaire.

—Vous comptez donc, monsieur l'Italien?

— Je suis en mesure de faire du commerce.

— Et de l'enthousiasme, du sentiment, de la passion?

— C'est autre chose, où les placer sans en avoir plus tard du regret?

— Quand on sait bien choisir...

— C'est là le difficile.

— Pourquoi?

— Les écueils sont nombreux.

— N'a-t-on pas une boussole : le cœur et les yeux?

— Le premier est si faible, et le second tellement accoutumé à prendre des illusions pour de la vérité.

— Signor Fontoreza, vous êtes jeune et vous avez l'expérience de la vieillesse.

— J'ai voyagé.

— Prenez garde, vous me rappelez des vers d'un de nos poètes, que je vous appliquerai.

— Faites, je suis curieux de les entendre.

— Nous avons déjà vu le Danube inconstant,
Qui, tantôt catholique et tantôt protestant,
Sert Rome et Luther de son onde ;
Et qui bientôt comptant pour rien
Le Romain, le Luthérien,
Finit sa course vagabonde
Par n'être pas même chrétien ;
Rarement à courir le monde,
On devient plus homme de bien.

Ici, madame de Mareil, dont les yeux s'étaient de nouveau portés vers une partie de la salle, pâlit, tressaillit, se souleva à demi, et saisissant avec force le bras de Rinaldi :

— Oh! monsieur, dit-elle, ne m'abandonnez pas, ou je suis un femme perdue !

# CHAPITRE II.

Rien n'est si pernicieux qu'une coquette désoccupée.
*Recueil de Maximes.*

# Un Pas dans l'Intrigue.

Le jeune Italien, violemment ému à ces paroles qu'il ne pouvait comprendre, assura madame de Mareil que son appui ne lui manquerait pas, et ce fut avec des expressions et des gestes, qui n'étaient guère en rapport avec la profession de Rinaldi, qu'il s'expliqua. La dame, en tout autre circonstance, y aurait fait attention; mais, en ce moment, elle s'attachait à surmonter son effroi ainsi qu'à atténuer l'effet que son exclamation mystérieuse aurait pu produire : ses yeux demeuraient fixés malgré elle vers l'objet qui lui était déplaisant, et sa bouche, essayant un mensonge, s'exprima en ces termes :

— Bon Dieu! que vous devez me trouver folle! mon épouvante est certainement un beau sujet de rire, et parce qu'un... ennuyeux se présente à moi, faut-il...

Madame de Mareil s'arrêta. Le jeu muet de sa figure, contredisant trop sa gaieté factice, elle s'en aperçut, et, prenant son parti, elle se leva.

— Si vous ne tenez pas trop au dernier acte du ballet, je ne serai pas fâchée de me retirer; mes nerfs sont horriblement agacés et le repos me devient nécessaire. Mais je ne peux partir que si vous venez avec moi... Oui, seule, il me serait impossible de braver sa présence. Oh! que deviendrais-je s'il se présentait à moi... à moi, sans secours!

La fin de cette phrase, inspirée par une frayeur supérieure, étonna Rinaldi et contraria celle qui l'avait laissée échapper, elle l'accompagna par un éclat de rire tout factice et plus capable de glacer que de réjouir.

— Les ennuyeux, dit-elle, font mon supplice ! je les hais... Partons, Rinaldi, l'instant est favorable. Dieu veuille que mes gens soient là-bas !

En parlant ainsi, elle avait jeté son châle sur ses épaules, et même sur son chapeau, de manière à en couvrir presque complètement sa figure, prétendant avoir froid, et il faisait chaud. Elle prit le bras du Napolitain, l'entraîna plus vite qu'il n'aurait osé marcher en sa compagnie, et ce fut avec rapidité et en tremblant, et, en se retournant sans cesse ; on eût dit qu'elle redoutait l'approche d'un personnage hostile. Sa voiture ne lui manqua pas, ce fut une sorte de dédommagement auquel elle parut très-sensible. Elle respira avec plus de facilité lorsque les chevaux furent partis ; et, à mesure qu'ils franchissaient la distance entre l'Opéra et la rue Saint-Louis, madame de Mareil devenait plus gaie et reprenait la conversation avec sa grâce et sa légèreté accoutumées.

Rinaldi, jusqu'à ce moment, ne s'était point approché avec cette familiarité qui donne tant de charme à un commerce intime de la commensale de son patron, M. Morase. Il la voyait chaque jour, il est vrai, mais en cérémonie. L'étiquette du négociant interdisait aux commis tous rapports directs avec la famille; et pour qu'on permît à Rinaldi de paraître au salon, il fallut son titre de fils d'un riche correspondant; non pas qu'il y jouît d'une pleine liberté; on le tenait à l'écart, on lui tournait le dos lorsqu'il voulait se mêler à la conversation, et ses avances étaient repoussées avec un dédain superbe, surtout par mademoiselle Astasie Morase, beaucoup trop éprise des principes d'égalité du jour pour ne pas voir presque avec mépris l'arrogance d'un employé de son père.

La noblesse de comptoir est, en général, un peu plus rogue que la noblesse féodale :

on est en mesure maintenant de s'en apercevoir.

Repoussé de cette sorte, Rinaldi Fontoreza se tenait à l'écart, à moins qu'il ne pût se placer auprès d'Apolline de Trencavel, qui, moins hautaine, parce que peut-être elle aurait eu plus de droit de l'être, se conciliait avec bienveillance les hommages qu'on lui adressait. Nièce et pupille de M. Morase, orpheline et pauvre, on la jetait en arrière, on ne l'appelait jamais qu'à la suite de madame Doussel et d'Astasie. Peu s'apercevaient de sa beauté, de ses grâces naïves, de sa noble retenue ; élevée par une mère, femme supérieure, elle en avait conservé, quoiqu'elle l'eût perdue dans sa première adolescence, les principes et les exemples, non qu'elle n'y mêlât quelques aspérités des défauts provenant de sa position embarrassée ; mais elle possédait assez de qualités et d'appas pour plaire ; c'était un mélange de modestie et de gaieté, de candeur, et d'orgueil d'un rang que la fortune ne secondait pas. On la voyait tour à tour humble ou impérieuse, et lorsque son frère lui représentait que ce développement de vanité n'était pas bon :

— Ne me le reprochez pas, disait-elle, c'est ma seule richesse. C'est avec elle que je lutte contre la grosse dot d'Astasie. Je n'ai jamais mieux connu la valeur de la noblesse que depuis que je vis parmi des marchands; ils tiennent tant à ce qui les grandit, que j'en ai appris à me croire quelque chose; car enfin nous datons de loin.

Léopold de Trencavel, véritable philosophe pratique, souriait à ces propos orgueilleux; il ne tenait à l'antiquité de sa race que parce qu'il voyait les vertus de ses aïeux. Indifférent à tout, hors à l'honneur et à la tendresse paternelle, il se montrait soumis à sa triste destinée et avait troqué sans murmure l'épée militaire contre le code civil; il n'avait pas voulu prêter un serment dont il appréciait l'importance, et, royaliste déterminé, il ne songeait pas à ses intérêts propres, mais à ceux de sa majesté Henri V.

Léopold et Apolline voyaient avec intérêt Rinaldi Fontoreza. Son éloignement de sa famille le rendait à leurs yeux orphelin comme eux; ils le plaignaient et lui parlaient toujours avec bienveillance. Lui se montrait touché de ces bons procédés et recherchait avec soin les occasions de se rapprocher du frère et de la sœur de Léopold, devenait insensiblement son ami de prédilection, quoiqu'il eût été plus convenable que la sympathie l'eût porté vers Urbain Morase. Celui-ci, au reste, ne s'en fâchait point. Uniquement occupé, comme l'avait dit madame de Mareil au député Jusan, d'ajouter aux trésors que lui laisserait son père, ses pensées étaient tournées vers la bourse, et sa galanterie et ses affections se bornaient à ces dehors commandés par l'usage; à peine s'il savait sa cousine jolie, et, certes, il s'inquiétait peu à qui elle donnerait son cœur.

Il était donc naturel que Rinaldi, traité sans façon par les Morase, parût peu important au reste de leur société; que madame de Mareil eût trouvé jusqu'alors de rares occasions de lui parler, soit qu'elle voulût par calcul se maintenir en une réserve prudente, soit que le caprice sommeillât en elle; mais ce soir, dont les incidens frappèrent son âme, elle vit avec plaisir l'espèce d'intimité qu'une rencontre à l'Opéra autoriserait entre elle et le beau Napolitain, et, y joignant le service qu'il lui rendait, en l'accompagnant, en une circonstance où il lui eût paru périlleux d'être seule tout exprès, décida une fantaisie de madame de Mareil, et chez elle ceci devait prendre nécessairement les apparences de l'amour.

Sa vie était un labyrinthe inextricable, un chaos peu facile à débrouiller ; tout en elle touchait au mystère par quelque coin, et si on admirait ses charmes, si son esprit ne pouvait être nié, si ses écrits brillaient par le fonds et par la forme, les envieux se demandaient : Mais d'où sort-elle, d'où vient son rang, sa fortune, son nom? ces questions mal résolues, ses imprudences, ses galanteries avaient nécessité cette éclipse qui la cachait au beau fond du Marais ; nul encore n'avait pu lire couramment au livre de ses actions antérieures, et on reconnaissait le soin extrême qu'elle mettait à le tenir fermé.

Un autre que Rinaldi, le chevalier de Lens, par exemple, ou le député Jusan, auraient profité de son trouble, de son effroi à l'Opéra, pour tirer au clair les préliminaires de la cause de cette épouvante ; Rinaldi, toujours dans la voiture avec elle, s'en tourmentait peu, entraîné qu'il était malgré lui par une conversation piquante, variée et rapide surtout ; on aurait dit que, par la précipitation de ses phrases épigrammatiques, elle cherchait non à plaire à son compagnon, mais à s'étourdir elle-même, à se défendre de l'amertume de ses propres réflexions.

Quoi qu'il en fût, Rinaldi s'avouait que c'était une femme bien séduisante, une Alcine, une Armide moderne, et, sans s'en apercevoir, il oubliait..... ce qui n'aurait dû jamais sortir de son cœur, pas plus que de sa mémoire ; mais l'homme est surpris malgré lui lorsqu'il se repose sans défiance. La causerie entre ces deux êtres si différens au fond, passa par les divers degrés qui conduisent presque au désir de se retrouver ensemble une autrefois ; et l'on en était là lorsque la voiture s'arrêta devant la porte de la maison Morase.

Un domestique sans livrée, (sa maîtresse

n'en faisait point porter à ses gens depuis la révolution de juillet, disait-elle) vint ouvrir la portière et tirer le marche-pied, que Rinaldi franchit afin de pouvoir plus vite offrir la main à madame de Mareil. Celle-ci descendait avec lenteur et mollesse, appuyant ses beaux bras sur ceux de l'Italien, et jouissant du frémissement involontaire que cette douce pression causait au jeune homme lorsque relevant les yeux, et à un pas d'elle, tout à côté de son laquais, se présenta...

Un cri aigu, un cri terrible échappa à madame de Mareil, et elle perdit entièrement l'usage de ses sens. Rinaldi, à cette clameur inattendue, à cet évanouissement non moins, extraordinaire, jeta les yeux autour de lui pour en découvrir la cause sinistre; il ne vit que le domestique qu'il connaissait et un jeune homme auprès de lui, dont il ne put apercevoir la figure, et qui était vêtu d'un habit rouge à galons d'argent; il le crut attaché à madame de Mareil, et, sans s'adresser à lui, continua sa recherche; elle fut vaine, la rue était déserte.

Jean, c'était le nom du laquais de madame

de Mareil, ne signala pas son compagnon comme l'auteur de l'épouvante de sa maîtresse, car à l'Opéra, à l'instant où lui allait monter derrière la voiture, cet inconnu lui avait dit qu'il appartenait au monsieur qui était avec madame de Mareil, et à ce titre avait réclamé une place pour arriver plus vite au Marais. L'erreur de Rinaldi et du laquais se perpétuant, une explication satisfaisante ne put avoir lieu. Le jeune Napolitain se hâta de transporter la dame évanouie jusque dans son appartement, où il la confia aux soins de sa femme de chambre, et il demeura dans le salon, ne voulant s'en aller que lorsqu'elle aurait repris sa connaissance.

La crise fut longue et même outre mesure. Julitte, voyant qu'elle se prolongeait, envoya chercher le médecin de sa maîtresse, qui logeait tout auprès, tandis que la nouvelle de cet accident, répandue dans la maison, amena bientôt après madame Doussel, qui n'était pas encore couchée.

— Eh bien! qu'est-ce? dit-elle; voilà le fruit d'une vie agitée, d'un amour insatiable du plaisir; notre locataire ne s'écoute pas assez; elle veille, elle se dissipe trop... Ah! c'est vous, Rinaldi, pourquoi ici? d'où sortez-vous? Qui vous autorise à venir à heure indue chez une femme de qualité? Mon ami, vous vous en faites trop accroire; un commis!...

— Je vous ferai observer, madame, répartit Rinaldi avec impatience, que je ne suis pas sous la dépendance de madame de Mareil, et que s'il lui convient de me permettre de me montrer chez elle, sa volonté suffit pour cela.

— Comment le prenez-vous? on ne peut vous rien dire; c'est un conseil que je vous donne... Oh! vous n'êtes pas humble; aussi vous dit-on riche; mais à Paris les commis restent au magasin... Allons, pas d'emportement; contez-moi ce que vous savez, et je vous pardonnerai.

— Ce que je sais est peu de chose; j'étais à l'Opéra; madame de Mareil voulant se retirer, et se rappelant ma figure, a, par un signe, appelé son serviteur à ses ordres; j'ai été flatté qu'elle daignât me nommer son cavalier servant, et suis parti avec elle. En entrant à l'hôtel elle a perdu l'usage de ses sens, voilà tout.

— Mais pourquoi évanouie? Quelle est votre conjecture sur cet accident?

— Je n'en ai pas cherché.

— C'est preuve de mauvais cœur. Comment! une personne de votre compagnie tombe sans connaissance, et vous n'en cherchez pas de motifs! Est-ce une attaque d'épilepsie? a-t-elle appris une mauvaise nouvelle, ou perdu une forte somme au jeu, a-t-elle été ruinée par son agent de change ou son notaire, ou peut-être quittée par son amant?... Cela vous étonne! vous ouvrez de grands yeux... Tout est possible; et lorsque, comme moi, on a une sensibilité profonde.... Oh! je saurai quelque chose de la soubrette ou de la maîtresse. Adieu : j'entre dans la chambre.....

Elle y allait; mademoiselle Julitte se présenta, et, lui barrant le passage, dit que madame, revenue à elle, désirait se reposer, et que le lendemain elle serait charmée de recevoir ses voisins. Ce fut un rude coup pour la curiosité de madame Doussel, qui essaya de faire jaser Julitte. Ce fut sans succès : la malicieuse soubrette se refusa, par méchanceté pure, à ce qu'elle aimait tant, et la curiosité inconvenante de la veuve Doussel ne fut aucunement satisfaite.

Rinaldi était sorti dès le premier ordre intimé par la femme de chambre; et, comme il descendait l'escalier, le valet de madame de Mareil, Jean, s'approchant, lui dit :

— Monsieur, votre domestique n'est pas entré ici pour vous attendre.

— Mon domestique? répliqua le Napolitain étonné, je... je... n'en ai point.

—Quoi! monsieur, le garçon si bien tourné qui est monté tantôt avec moi derrière la voiture de madame n'est pas à votre service?

— Cet homme en livrée? demanda Rinaldi.

— Oui, monsieur.

— Je le croyais à votre maîtresse.

— Et lui m'a dit qu'il mangeait le pain de monsieur.

— Il vous a fait un gros mensonge : je ne le connais point, et l'ai vu tout à l'heure pour la première fois.

— Ah, l'escroqueur ! se mit à dire Jean avec indignation ; je devine la fourbe : c'est un drôle dont la demeure est par ici ; il aura voulu ne pas s'en retourner à pied, et m'aura fait ce conte. Il avait, en effet, l'air tout ahuri. Ne m'aura-t-il pas volé ?

Et Jean se fouilla avec inquiétude ; mais comme aucun objet ne manqua dans ses poches, ni son mouchoir, ni sa pipe, ni son couteau, ni sa bourse, il se rassura, et cet incident perdit dès lors à ses yeux beaucoup de son importance. Il n'en fut pas de même chez Rinaldi, qui, sans aucun motif cependant, s'imagina voir du rapport entre ce valet et le trouble étrange de madame de Mareil. Comment s'assurer de ce point ?... Il réfléchit un instant ; puis, sortant de sa rêverie :

— Eh ! que m'importe ? dit-il.

Je ne sais comment son cœur répondit

à cette question : toujours est-il certain que ce qu'il répliqua fit monter une vive rougeur sur le front naturellement pâle de Rinaldi.

# CHAPITRE III.

*Qui fit... ut nemo, quam sibi sortem,*
*Seu ratio dederit, seu fors objecerit, illâ*
*Contentus vivat, laudet diversa sequentes.*

Par quelle fatalité, toujours mécontens de la position que le hasard ou la raison nous imposent, envions-nous sans cesse celle d'autrui?

HORACE, *Satire* 1, liv. 1.

## Un Dîner.


Mon frère a la manie de donner de grands dîners, et il faut que j'en aie toute la peine. Comment ne s'en tient-il pas à l'ordinaire bourgeois, à celui de toute notre vie? Mais non; il veut de la dépense, et il serre les cordons de sa bourse; il aime le faste, et crie quand il s'agit de payer. Aujourd'hui, par exemple, il a invité toute la terre, et m'a fixé une somme si misérable..... Oh! je n'y ajouterai pas du mien.

C'était en ces termes que madame Doussel parlait à Rose, sa femme de charge, sa soubrette, son factotum, qui était avec elle depuis plus de vingt ans, et qui, dès cette époque, la dominait à discrétion.

— A la place de madame, je sais bien ce que je ferais : ou je renoncerais à tenir le ménage, ou j'obligerais monsieur à augmenter la somme du mois.

— Oui, pour que cette insolente Astasie devînt la dépensière et que je lui fusse soumise : non, certes, je n'y consentirai pas; au reste, Morase se fâche, et finit par payer.... Mais aujourd'hui que de monde!... et puis une soirée, une manière de concert, toutes les notabilités du quartier, deux maires, deux adjoints, deux colonels de garde nationale, des chefs de bataillon, et puis le général comte Malvière, un député, M. Jusan, que sais-je encore? et puis l'avocat Denisal avec son pupille; M. Grossot, le professeur,

ce savant homme qui ne dit que des riens;
et Léopold de Trencavel, et madame de Mareil, et jusques à ce petit Rinaldi : un commis!!! J'en suis furieuse! Et cette sotte Apolline, qui se croit demoiselle de qualité parce
qu'elle est noble! Comme si M. Doussel, feu
mon mari, n'était du bois dont on les faisait!
Rien ne manque à ce dîner, pas même ce misérable hère, ce chevalier de Lens, l'impertinence personnifiée, et en logis dans les mansardes de la maison. Mon frère radote : à sa
place, je ne voudrais pas de la canaille : tout
homme pauvre est nécessairement un vo-
leur.

Cet axiome, digne de la petitesse parvenue, clôtura la philippique de madame Doussel. La cloche du portier annonçant que déjà les
convives se rendaient à l'invitation faite, force
lui fut de descendre au salon. Elle n'y trouva ni Apolline de Trencavel, ni Astasie. Ceci
lui fut un nouveau sujet de mécontentement,
et elle s'en plaignit à deux ou trois hommes
qui l'avaient devancée, et qui, en causant
ensemble, attendaient les maîtres du logis.

—Oui, dit la veuve, cette jeunesse est paresseuse, dérangée, vaine, coquette; ma nièce est étourdie, et si ce n'était sa dot..... Mais cette petite Apolline... s'en fait-elle accroire! Une enfant élevée ici par charité....

— Madame, dit le chevalier de Lens qui se trouvait parmi les interlocuteurs, mademoiselle de Trencavel n'a-t-elle pas dix-huit cents livres de rente?

— La belle somme! Et les 1,200 francs de rente qu'elle paie à son oncle, ne doit-elle pas les retirer de son pécule? C'est six cents francs qui lui restent pour s'entretenir et faire des économies... des réserves, etc. Ah! venez-y voir chaque mendiante qui pleure devant elle lui accrocher ou sous ou pièces. C'est une dissipatrice, une dérangée.....

— C'est mademoiselle de Trencavel, répliqua le chevalier de Lens; une jeune personne respectable.

— Oui, soufflez-lui la vanité : en manque-t-elle? Si j'étais écoutée, on serait raisonnable; et je sais un bon gros marchand de vin qui peut-être ne dirait pas fi pour en faire sa femme; et c'est là un beau parti... La boutique en face.....

Le chevalier de Lens fit une plaisante grimace à ce propos; et il allait y répondre avec sa verdeur ordinaire, lorsque les deux jeunes personnes entrèrent. La *demoiselle* de la maison passa la première. Elle portait une robe de chalis chamarrée à grands ramages, de neuf couleurs; une ceinture en ruban satiné, retenue par une boucle d'or émaillée tricolore, un châle de blonde, un collier de rubis, des boucles d'oreilles de forme gothique, émail, or et rubis, et une guirlande de roses blanches, de bluets et d'anémone : c'était l'ordre de choses triomphant sur une jolie tête. Cette parure de circonstance avait un but politique; elle provenait du *conclusum* d'un conseil de famille où Urbain Morase avait assisté. Astasie, sans être mal mise, ne l'était pas avec goût. Trop parée en sa qualité de jeune fille, elle ignorait que la simplicité ajoute un charme puissant aux attraits, et qu'à dix-huit ans il suffit de briller de sa seule beauté. Astasie, en ceci, ne devait rien désirer; la nature l'avait traitée en mère affectueuse : elle avait de l'éclat, une physionomie avenante, des yeux noirs, bien coupés, une bouche parfaite, peut-être un peu de tendance de son nez aquilin vers un menton qui plus tard répondrait à cette agacerie ; mais en ce moment, l'ensemble du visage séduisait, paré d'ailleurs d'une fraîcheur ravissante ; la taille ne manquait pas de souplesse, bien que les épaules fussent un peu fortes. Tout aurait été pour le mieux, si les manières d'Astasie Morase eussent pu ne pas ressentir de son éducation primitive.

La fortune du père s'était faite assez rapidement. Jusque-là, boutiquier modeste, il se tint dans sa sphère ; il en résulta que ses enfans reçurent une éducation commune et toute de comptoir ; Astasie, par exemple, ignorait ces connaissances que les jeunes personnes maintenant professent, puisque elle ne savait rien en histoire, en géographie, en littérature, ce qu'elle ne réparait pas par l'esprit naturel : ses habitudes étaient triviales, elle se tenait mal, marchait en grisette, parlait haut, et ne mesurait pas ses paroles, et ces désavantages ressortaient d'autant plus que, placée nouvellement dans une sphère élevée, si on prêtait attention à celle dont elle venait de sortir, elle n'y apportait pas, au moins aux yeux de certaines personnes connaisseusses, ces formes remplies de grâces que l'on voit dans tout ce qui respire et tient un rang.

Il n'en était pas ainsi d'Apolline; accoutumée dès sa naissance aux usages du grand monde; négligée pourtant dans son éducation comme sa cousine, elle avait retenu l'exemple de ses parens, de la société au milieu de laquelle elle avait grandi; et lorsqu'on la voyait paraître, on reconnaissait sans peine que c'était plus qu'une grisette enrichie, soit aux mouvemens moelleux de son corps, soit dans la pose de sa tête, dans la dignité de ses gestes, la mélodie de sa voix et le goût exquis de sa parure modeste : celle-ci, ce jour-là, se composait d'une robe de mousseline blanche, d'une ceinture de ruban gaze rose attachée par une boucle de chrysocale à filets, de pendans d'or, simples globes alongés, et d'une rose qui, seule, parait ses cheveux blonds et soyeux; la coupe du corsage annonçait que la pudeur méticuleuse y avait présidé; mais il y avait dans tout cela une telle harmonie, quelque chose de si délicat, de si pur, que lorsque l'œil, attiré violemment d'abord par la magnificence du vêtement d'Astasie, l'avait examiné tout à son aise, il allait poser avec plaisir ses regards sur mademoiselle de Trencavel, et sur ce qu'aujourd'hui, par un détournement ridicule de mots, on appellerait *toilette*.

Astasie avait trop de confiance en elle-même pour s'apercevoir de cet effet produit par la diversité de leur mise, et comme tous ceux que la fortune favorise, elle se croyait supérieure en tout point à la pauvre Apolline, sans pour cela l'aimer davantage et surtout la traiter mieux.

Les deux cousines avaient à essuyer, dès leur apparition une querelle collective de madame Doussel qui les gronda fort à son aise, sans s'inquiéter ni si on l'entendait ni du choix des expressions de sa colère. Sa nièce, enfant gâtée et peu endurante, répliqua avec aigreur. La querelle s'engagea déraisonnablement, tandis que Apolline, confuse et rougissante, se reculait du mieux possible, n'opposant qu'un silence modeste aux grossièretés qu'on ne lui épargnait pas; car sa patience ne pouvait désarmer pas une femme mal élevée.

—Que je vous plains! dit une voix derrière elle. Apolline se retournant reconnut le chevalier de Lens : elle le salua, et lui répondit par un sourire ineffable.

—Vous deviez beaucoup souffrir? lui dit-il encore.

— C'est une dame un peu vive, répliqua-t-elle enfin, qui parle comme elle a appris, et il faut ne se fâcher qu'à moitié.

—Une fille de votre rang! dit encore le chevalier.

—Monsieur, nous ne sommes pas à une époque favorable pour la noblesse.

—Ceci ne peut durer. Vous n'êtes pas convenablement dans cette maison.

— Je suis chez mon oncle!

— Oui, si vous voulez; car il ne vous est rien, au fond!

— Sa femme était sœur de ma mère.

—Une mésalliance! toute révolutionnaire.

Apolline ne dit plus rien. La compagnie arrivait en foule, et elle dut faire en partie les honneurs du salon. Bientôt un cercle nombreux se forma autour d'Astasie. Là on voyait le général baron Malvière, l'avocat Denissal, Stephen Barrel, le professeur Grassot, demi pédant, demi à la mode, gonflé d'orgueil, et s'imaginant que du grec et du latin formaient une qualité toute particulière; gourmé, envieux, inquiet des succès d'autrui, les regardant comme un outrage à son propre mérite, il haïssait quiconque faisait parler de lui; rampant devant tout pouvoir, arrogant en face de ses inférieurs, cachant ses vices sous un vernis d'hypocrisie, sa nullité réelle n'était surpassée que par son amour-propre; point âgé encore, se trouvant parvenu aux confins de la jeunesse et de l'âge mûr, il avait les prétentions d'un homme à la mode, avec l'importance d'un savant consommé, ce que certes il n'était pas.

Outre les personnages que je désigne, la cour d'Astasie se grossit de plusieurs dieux de l'époque. Les uns saint-simoniens honteux, jeunes-france un peu plus que ridicules; les autres marchands à l'aurore de leur commerce, porteurs de moustaches, de fracs militaires, sans pour cela que des yeux exercés se trompassent au point de croire l'épée plus familière à leurs mains que l'aune. Ceux-ci criaient à tue-tête, s'interrompant les uns les autres, ne craignant pas de couper la parole à qui que ce fût, même aux femmes; s'asseyant dans les meilleurs fauteuils ou sur les meubles, ainsi qu'on fait au magasin, riant aux éclats, se tutoyant, s'appelant à grands cris des deux extrémités de la salle; enfin ne se gênant pas : car pourquoi se gêner, auraient-ils dit, lorsque l'on est *bon enfant et sans façon.*

Du reste, ces messieurs, si fort à leur aise, fulminaient à la fois contre les républicains et les carlistes. Les premiers, à les entendre, étaient des va-nu-pieds ; les seconds, d'insolens persifleurs. Il n'y avait au monde que le négoce, la banque, l'industrie, parce que là seulement on rencontrait vertu, désintéressement, franchise et probité.

Dans un angle de la salle, le corps d'officiers supérieurs de la garde nationale, les deux

maires, les adjoints, le général Malvière
et Jusan le député, se réunissaient en
groupe plus vénérable, et, assez maladroitement, se séparaient déjà de la plèbe boutiquière par une ligne de démarcation tranchée net : là on parlait de la cour du roi de
notre choix, de *son épouse*, de ses *demoiselles*; on racontait ce que celles-ci avaient
dit de tendre aux *épouses* et aux *demoiselles* de celles-là, les contredanses du prince
royal et de son auguste frère avec les filles
de comptoir de messieurs tels et tels ; l'enivrement était général, et de là partaient
des assurances de fidélité sans bornes.

—Oh ! s'écriait le baron de Malvière, la
fidélité c'est mon fort, je ferai avaler mon
sabre au premier traître qui se présentera ;
Bonaparte me connaissait bien, il disait, en
parlant de moi : « Celui-là est un des miens, »
et il avait raison, je ne me suis séparé de
lui qu'après le décret de déchéance...plutôt..
ah ! j'aurais préféré mourir; je n'ai quitté
Charles X qu'à Saint-Cloud : mais quant à
Louis-Philippe , je ne m'en séparerai qu'à
la mort.

Nul dans ce groupe d'élus ne songea à rire de la fidélité bizarre du général, d'autant plus que ce digne militaire occupait les loisirs de la paix actuelle à prendre des actions et des intérêts dans diverses spéculations commerciales, son épée pour ne point se rouiller servait de levier à l'industrie ; il avait de l'argent dans un roulage monopoleur, dans une fabrique de cuir, dans une filature de coton, il jouait à la bourse. Ainsi Turenne et Catinat n'occupaient pas leur activité ; ils vivaient dans des siècles d'ignorance, et nous marchons droit à la perfectibilité.

Sur ces entrefaites et comme chacun se plaignait du retard de la cuisine, parut madame de Mareil, en grande parure, belle au degré suprême, radieuse même, en manière d'astre à son zénith ; c'était elle qu'on attendait, au déplaisir marqué de la veuve Doussel, qui lui fit la plus mauvaise mine possible, tout en lui adressant les complimens d'usage ; la superbe coquette ne s'en tourmenta guère. Un sujet de chagrin plus direct lui était donné soudainement, elle avait aperçu en entrant Rinaldi Fontereza en conversation intime avec mademoiselle de Trencavel.

Quinze jours s'étaient écoulés depuis la soirée passée à l'Opéra et dénouée si tragiquement. Madame de Mareil avait repris sa tranquillité, ou cachait mieux ses inquiétudes. Rinaldi, le lendemain, vint demander des nouvelles de sa santé ; cette visite fut suivie d'une seconde, la troisième ne se fit pas attendre, et il en résulta une intimité fort mystérieuse entre l'enfant de l'Italie et la Parisienne consommée ; celle-ci sortait le matin, enveloppée dans un châle et dans un manteau, et entrait rue du Parc-Royal, dans une maison de modeste apparence, sans s'arrêter à se faire reconnaître du portier.

Le premier instant plut à Rinaldi, qui, bientôt s'interrogeant, se demanda avec remords si c'était pour nouer une intrigue avec une coquette qu'il avait pris la résolution de venir en France, et s'avoua péniblement que son ame était jouée par un caprice de sa tête ; et dès lors il se promit de rentrer dans un meilleur chemin ; c'est une résolution facile à prendre là où l'amour n'est pas en rapport avec l'impétuosité des sens; où ceux-ci uniquement agités laissent celui-là tranquille. Rinaldi n'aimait point, et il avait été heureux : il ne pouvait dès lors que se reculer d'une intrigue consommée.

Eugénie ( c'était le prénom de madame de Marcil), par un effet contraire, s'attachait chaque jour un peu plus à son nouvel amant ; était-ce caprice, tendresse exaltée, désir de ne point faire comme par le passé ? quoi qu'il en fût, elle aimait et sentait s'accroître en elle ce sentiment qui domine souvent malgré nous. Déjà jalouse (car y a-t-il d'amour réel sans crainte de perdre celui qui l'inspire)? elle redoutait et Astasie et Apolline surtout ; mais encore trop habile pour indiquer à Rinaldi ces rivales, ou trop maîtresse de son inquiétude pour la manifester, elle se taisait bien qu'elle éprouvât de l'impatience chaque fois que le beau Napolitain s'approchait de la fille ou de la nièce de son patron.

Madame de Mareil était en mesure de tout surveiller; car, également depuis la soirée de l'Opéra, elle n'était plus sortie en cérémonie, sous prétexte de l'affaiblissement de sa santé; elle avait sans doute un motif de haute importance à se maintenir dans cette résolution austère, nul dans la maison ne le devinait, et, comme elle se disait malade, on le croyait précisément.

Ce fut donc pour elle un coup pénible que la vue de Rinaldi en conversation réglée avec Apolline, à qui il parlait avec feu; ses yeux étincelaient, sa figure italienne brillait d'un charme inexprimable, et la jeune française paraissait éprouver un plaisir mélancolique à l'entendre. Un indifférent n'aurait aperçu en cela rien de suspect; l'œil exercé d'Eugénie y devina la vérité, le coup lui fut rude. Les femmes du monde veulent avoir le monopole de l'inconstance, et le droit exclusif de mener plusieurs intrigues de front; ce qui les blesse le plus, c'est qu'on les imite, c'est leur légitimité qu'on attaque, chacun tient à la sienne: et les coquettes ont la leur dans cette prétention.

Madame de Mareil souffrit péniblement un accord qu'elle soupçonna plus intime qu'il ne l'était peut-être ; mais loin de s'en plaindre et de faire un éclat qui eût tourné contre elle, ce fut la figure riante et les bras ouverts qu'elle vint voir mademoiselle de Trencavel, qu'elle vanta sa beauté miraculeuse, et qu'elle s'en empara si complétement par l'effet de son amitié que Rinaldi débusqué dut se tenir à distance respectueuse.

On annonça que le dîner était servi, ce fut une nouvelle accueillie avec transport ; en effet, dîner trop attendu gâte toute bonne chère ; l'appétit souffre d'un retard prolongé par-delà les convenances, et souvent se change en mauvaise humeur contre l'amphitryon ; celui-ci donne pour excuse qu'il n'ose faire servir avant l'arrivée de tous les convives, ne s'apercevant point qu'il manque, en faveur de ceux qui ont l'impolitesse de se faire attendre, à ceux dont l'urbanité leur a fait un devoir de l'exactitude.

Le signal donné, on passa dans la salle à manger, le couvert était dressé sans goût ; la vaisselle de faïence, contrastait avec les plats de porcelaine et les soupières d'argent. Un art peu connu des maîtres de maison est celui d'assembler convenablement les personnes invitées; ils les placent pêle-mêle, sans égard au rang, aux opinions, aux rapports sociaux; un homme d'esprit et de peu de cérémonie a prétendu qu'il *dînait fort bien à côté d'un fripon*; c'est possible, si celui-ci est aimable. Je défie de passer agréablement les trois heures d'un repas d'étiquette en société d'un ennuyeux ou de personnes antipathiques. Monsieur Morase et sa sœur ne se tourmentaient point de ce qui aurait appelé les méditations de feu Brillat Savarin de gastronomique mémoire ; inviter leurs amis, leurs connaissances, leur offrir un bon repas, devenaient pour eux le point unique. Le reste leur importait peu. Cette erreur est ordinaire aux gens du commun, la bonne compagnie s'en sauve toujours.

# CHAPITRE IV.

L'orgueil a ses bizarreries comme les autres passions.
LAROCHEFOUCAULT, *Réflexions morales*.

## L'Italien et la Française.

Le repas fut long et plus ennuyeux encore, malgré la grosse joie de messieurs les industriels; on n'aurait pas entendu Dieu tonner parmi cette cohue de gens à argent et à spéculations. Les dames furent complétement oubliées; on mit en avant la politique et la bourse, le trois pour cent et les entrepôts de Paris, et bonsoir la galanterie ! Jeunes et vieux oubliaient ce rôle que les Français savaient si bien jouer jadis, à part toutefois le chevalier de Lens et Rinaldi Fontoreza, que le hasard ou plutôt leur peu d'importance respective avait relégués et réunis à l'un des bas bouts de la table. Un gentilhomme pauvre, vu qu'il logeait dans les mansardes, et un demi-commis pouvaient frayer ensemble ; aussi madame Doussel, qui n'aimait ni l'un ni l'autre, avait pris plaisir à les accoupler.

Jusqu'à ce moment aucun rapport n'avait existé entre eux ; séparés par l'âge, par la fierté du vieux chevalier et l'insouciance du jeune homme, ils se voyaient sans se parler ; mais enfin, ne prenant point d'intérêt à la conversation générale, ils durent par nécessité en établir une particulière. Rinaldi parlait purement le français avec l'accent italien. Monsieur de Lens y fit cette fois plus d'attention qu'auparavant, et en retour d'une politesse de Rinaldi, dont les manières distinguées l'étonnèrent, il lui dit :

— Vous appartenez donc à la belle Italie?

— Je suis enfant de Parthénope, répondit Fontoreza.

— Ah! vous venez de Naples?

— Depuis deux mois environ.

— Et vous y connaissez beaucoup de monde?

— Toute la cour, du moins.

— La cour... Oui, un négociant voit chez lui et les grands et le peuple.

— C'est très-vrai, monsieur, et Rinaldi s'étant mordu les lèvres, comme pour se punir d'une parole échappée, sourit au propos du chevalier.

— Et dans le nombre des personnes de l'ordre équestre que vous connaissez si bien, y aurait-il quelque membre de la famille des princes d'Amalfi?

Rinaldi repartit sans hésiter :

— J'ai eu des rapports très-intimes avec le prince Lucio Trencavel.

— Très-intimes.... Il achetait probablement chez M. votre père.

Rinaldi fit un signe que le chevalier interpréta comme un acquiescement, et il continua :

— Son vrai nom de famille vous est au moins connu.... Je sais que son père est mort... sa mère vit-elle?

— Il y a six mois qu'elle repose auprès de son époux.

Et la voix de Rinaldi fut comme étouffée par un profond soupir.

— Ah!... ma?.. madame la princesse d'Amalfi Trencavel est décédée... j'en suis fâché.

— Vous l'aviez vue, monsieur?

— Non, jamais, mais mon... monsieur son mari... dans notre jeunesse... Et que vous semble de leur fils?

— On le dit très-étourdi, fort romanesque... Tenez, monsieur, poursuivit Rinaldi, en ne pouvant retenir son envie de rire, ne vous adressez point à moi pour faire son éloge, je ne m'y déterminerai jamais.

— De la jalousie, jeune homme, lorsque selon toute apparence, à Naples où les classes sont si tranchées, vous ne vous êtes jamais trouvé en contact direct.

— Eh bien! c'est ce qui vous trompe, répartit Rinaldi, toujours du même ton de gaieté, Lucio et moi étions inséparables, c'est mon meilleur ami, et je crois être le sien.

— Voilà qui est étrange, dit le chevalier avec un désappointement visible... Je croyais qu'à Naples...

— Les roturiers ne frayaient pas avec les *siéges nobles*, et vous aviez raison, répartit Rinaldi avec un redoublement, mais Lucio et moi faisons exception à la règle : que cela ne vous étonne point, notre tendresse mutuelle date de loin... du jour de notre naissance.

— C'est particulier, et par quel cas fortuit?

— Oh! bien simple, nous sommes venus au monde le même jour, et avons été nourris du même lait, ayant eu une seconde mère commune.

— A la bonne heure! dit le chevalier, que cette explication rassura, le prince d'Amalfi a le cœur bien placé, et sa protection vous enveloppe, sans doute?

— Il est certain qu'il s'occupe sans cesse de moi, c'est une justice que je me plais hautement à lui rendre.

— Vous serez la preuve, monsieur, que la noblesse qu'on accuse d'égoïsme...

—Est calomniée, du moins dans le prince d'Amalfi; il partagera toujours avec moi sa fortune, ses honneurs... En vérité, je crois qu'il me céderait à moitié sa femme.

— Signor, repartit sévèrement le chevalier, la plaisanterie est inconvenante.

— A vos oreilles, monsieur, c'est possible, mais à l'égard du prince d'Amalfi, elle est simple.

— Puisqu'il vous est si affectionné, vous a-t-il parlé jamais de ses parens de France?

Rinaldi parut avoir mal entendu, et il s'excusa sur le tapage que faisaient messieurs les industriels, et lorsque le chevalier de Lens eut répété sa phrase, il lui dit vivement :

— Non, monsieur, il n'a jamais rien dit sur ce point à Rinaldi Fontoreza.

— De sorte que vous ne savez pas où sont ici ses proches.

— Attendez... mais mademoiselle Apolline et monsieur Léopold portent le même nom primitif, seraient-ils...

— Son cousin et sa cousine, enfans de son frère aîné; il y a eu deux Trencavel, le marquis et le vicomte. Le premier, mort avant la révolution, eut deux fils, l'aîné de ceux-ci a eu d'un second mariage, déclaré peu d'années avant la restauration, le jeune Léopold et sa sœur; il est mort en 1818, sans laisser aucune fortune. Sa femme lui a survécu jusqu'en 1825. Le puîné du marquis, à Naples en 1808, a contracté un brillant hymen avec l'héritière des princes d'Amalfi, et est mort, comme vous le savez, depuis long-temps; je croyais sa veuve encore en vie.

— Et vous vous trompiez... Mais, monsieur, qu'est devenu le vicomte de Trencavel?

— Haï de ses parens, il a quitté la France,

et dès avant 1789 il n'a plus donné de ses nouvelles.

— Il a dû mourir dans son exil volontaire?

— C'est dans l'ordre des choses probables, repartit le chevalier, vous serez surpris maintenant que le prince d'Amalfi oublie que ses cousins germains et de son nom sont ici dans le malheur.

— N'accusez pas Lucio, répliqua Rinaldi avec une véhémence fortement accentuée, d'un tort qui n'est pas celui de son cœur: savez-vous si sa mère, par des motifs qu'on ne peut juger, ne lui a pas caché, tant qu'elle a vécu, le véritable état de ses proches? croyez que s'il en était instruit, il se hâterait de venir à Paris les enlever à leur condition fâcheuse.

— Il a donc un bon cœur?

— Oh! les défauts que je vous ai signalés ne sont qu'à l'épiderme, le fond est excellent, je m'en fais la caution.

— Eh bien! je vous ai instruit, et vous êtes son ami.

— Il saura ceci très-vite, et avant peu nous le verrons arriver.

Cette longue conférence occupait tellement les deux interlocuteurs, que Rinaldi oublia de porter ses regards vers Apolline, et ne songea pas davantage à ceux que lui lançait madame de Mareil, vivement piquée de son indifférence ; mais lorsque le chevalier de Lens lui eut laissé du répit en s'adressant à son voisin, un digne industriel, tout empressé de mettre la main à chaque plat autant par curiosité que par gourmandise, car la lésinerie de son épouse ne lui permettait pas de faire chez lui un cours gastronomique ; Rinaldi, dis-je, libre alors, se tourna vers Apolline, et tâcha de réparer le temps perdu.

Mademoiselle de Trencavel ne se rendait pas compte de l'intérêt que lui inspirait le jeune commerçant italien, et cependant, malgré sa fierté héréditaire, il ne lui était déjà plus indifférent. Le savait-elle ? j'en doute ; c'était presque à son insu que les mots qu'elle lui adressait avaient une teinte particulière de douceur et d'affection, que ses yeux se reposaient sur lui avec un abandon involontaire : madame de Mareil le devinait certainement mieux qu'elle, et son courroux allait en augmentant.

Ce repas sans fin lui était insupportable, le dessert se renouvelait comme le tonneau des Danaïdes : il n'est chère que de vilain, dit le proverbe, et ici c'était le cas. Le dîner de M. Morase assommait par sa profusion, son faste et son éternité ; déjà on proposait des toasts en l'honneur de la famille royale, lorsque madame de Mareil, envisageant fixement la veuve Doussel, lui dit d'un ton pénétré :

— Ma chère dame, pourquoi vous retenir ? c'est augmenter votre souffrance ; vous allez vous évanouir. Que vous semble, docteur ?

Elle s'adressait au médecin de la maison, M. Tuvanier, jeune praticien qui s'ingéniait pour se faire une clientèle ; et intéressé, par conséquent, à sauver d'une mort certaine quiconque par mégarde s'enfonçait une épingle dans la peau. Dans cette circonstance, il crut rencontrer une occasion favorable pour déployer sa science diagnostique, et, se préparant à répondre, il allait corroborer l'opinion émise par madame de Mareil ; mais la veuve Doussel, ne lui en donnant pas le temps, répondit qu'elle se portait bien, sauf un peu de chaleur.

— Et voilà un symptôme très-funeste, dit le docteur avec gravité, et d'autant plus sinistre que madame ne sent pas sa position.

— Ma position ! s'écria madame Doussel, comme frappée d'un coup de foudre, et en se levant précipitamment, à tel point la médecine lui était chose respectable ; serais-je donc déjà à l'agonie ?

— Oh ! non, reprit M. Tuvanier : du repos, de l'eau sucrée et une infusion de thé, préviendront les premiers accidens, mais je ne réponds de rien si de prompts secours...

— Oui, ma chère dame, ajouta la maligne coquette avec une expression pendable d'intérêt ; il faut vous soigner, traiter cet accident avec prudence. Croyez-moi, allons dans votre chambre, je ne vous quitterai pas que vous ne soyez couchée.

— Et qui veillera au sucre, au café, à l'eau-de-vie et au cacis ? dit en soupirant madame Doussel ; quand je ne serai pas là, ce sera un horrible gaspillage.

Et elle jeta un regard piteux sur tout ce que les domestiques allaient dévorer. Cependant la compagnie entière s'était levée, malgré le véto improbateur de certains amis de la joie, opinant pour que la respectable dame allât se coucher, et pour que les *bons enfans* restassent à table à vider la dernière bouteille ; on ne les écouta pas. Tous ceux dont la digestion était pénible en profitèrent pour se donner un air de chagrin méditatif, et le mouvement général entraîna l'industriel buveur vers le salon, où l'on respira une atmosphère moins viciée.

Tandis que les hommes, tout en s'apitoyant sur la faible santé de la sœur du maître de la maison, prenaient ensemble le moka et les liqueurs un peu vulgaires, mais agréables au palais du boutiquier parisien, madame de Mareil, Apolline et Astasie étaient auprès de la veuve Doussel qu'on déshabillait à force, quoiqu'elle se trouvât moins malade qu'on ne le disait ; il lui en coûtait de ne pas faire les honneurs de la soirée comme elle avait fait ceux du dîner, et sa loquacité surtout ne pouvait supporter *les taisez-vous, ma voisine, le docteur vous a interdit toute conversation* de madame de Mareil, qui, charmée du succès de son espièglerie, s'attachait après sa victime de manière à ne pas la laisser respirer, et néanmoins avec une telle expansion que celle-là, quoiqu'elle en eût, devait lui en montrer de la reconnaissance. Elle ne mit personne dans la confidence, et lorsque madame Doussel eut été bien et duement mise entre ses draps, elle, alors, poursuivant son office de maîtresse de cérémonie, se tourna vers Apolline :

— Mademoiselle, vous êtes trop attachée à l'excellente madame Doussel pour vous refuser à lui immoler le plaisir que le salon vous procurera. Astasie doit représenter sa tante auprès de son père, et vous, tenir ici la place de tous les deux.

Apolline accéda volontiers à ce commandement, et madame de Mareil partit avec mademoiselle Morase, charmée d'avoir si bien réussi à faire finir un repas sans terme, et à se débarrasser d'une rivale dont la présence la contrariait. Elle rentra au salon, et eut la douleur de reconnaître sur la physionomie de Rinaldi combien l'absence d'Apolline lui était pénible; il s'en vengea en se tenant éloigné de celle qui manœuvrait à son intention, bientôt même il sortit et ne rentra plus.

Ce n'était pas ce qu'attendait Eugénie; ce mécompte si opposé à ses espérances lui inspira un redoublement de jalousie et de malignité, et quoique autour d'elle se pressassent en ce moment et le général, et Jusan, et un miroitier, officier supérieur dans la garde nationale, et un des maires de Paris, elle demeura comme insensible à ces hommages que, dans l'équilibre de ses humeurs, elle recherchait avec tant de soin, et tomba dans une rêverie apparente, au milieu des propos lestes que ces messieurs avaient la bonne envie de rendre galans. Ceci dura deux ou trois minutes, et fut très-marqué; puis soudainement son front se dérida, sa bouche reprit son expression moqueuse ordinaire, et un feu infernal resplendit dans ses yeux. Quelle pensée roulait dans son ame? une consolante sans doute: jusqu'à la fin de la soirée, elle ne cessa de rire et de plaisanter.

Vers dix heures du soir, le député Jusan, que madame de Mareil avait présenté à monsieur Morase, s'adressant à celui-ci qui traitait à l'écart, avec un courtier-marron du commerce, d'une entreprise en mesure de rapporter gros, selon son expression, lui dit:

—Comment se fait-il que dans une société aussi bien composée, et où sont réunis les notabilités de deux arrondissemens, on laisse la soirée finir sans conjurer notre dixième muse de nous enchanter en prenant la lyre des dieux, qu'elle touche avec une si délicieuse harmonie.

Le courtier-marron devait sans doute être romantique, car à ce propos il ouvrit de tels yeux que Jusan dut comprendre son ignorance, et surtout combien le titre de muse lui était étranger. Quant au maître de la maison, il y entendait finesse moins encore; aussi se hâta-t-il de répondre qu'il ne savait pas que madame de Mareil jouât de la guitare; que, mieux instruit, il en aurait profité pour organiser un petit bal impromptu, et qu'une autre fois il n'y manquerait pas.

Le député, continuant la manifestation de son humeur moqueuse, répliqua :

— Je me suis mal expliqué; madame de Mareil fait sans doute de la musique, et très-agréablement, mais j'ai voulu parler de ses talens littéraires : c'est une des femmes de France qui écrit le mieux en prose et en vers.

— Une *littératrice*, dit alors de Murron avec dédain.

—Je la croyais riche, ajouta Morase d'un ton de pitié.

—Mais l'un n'empêche pas l'autre, répondit Jusan.

—Pardonnez-moi, dit Morase, une femme *fortunée* s'en tient là.

—Oui, dit de Murron, qui dans sa grossièreté avait la prétention du trait, elle va seulement à la Bourse et pas au Parnasse.

—Qu'est cela ? demanda Morase.

—La montagne des poètes.

—En Suisse?

—Non, en Grèce, répliqua Jusan.

—A propos de la Grèce, dit Morase, savez-vous que l'on pourrait y envoyer certaines parties très-avantageuses ?

Le courtier entra dans ce nouveau cours d'idées, et Jusan, dont l'intention était de faire briller, comme auteur, son ex-maîtresse parmi les notabilités du jour, ne put y parvenir. Les arts et la littérature n'ont rien à attendre de ceux-là.

# CHAPITRE V.

> Le supplice le plus commun que la Providence inflige aux méchans, c'est de les forcer à vivre ensemble.
>
> *Restif de la Bretonne.*

# Deux Intrigans.

Madame de Mareil est chez elle, assise devant un secrétaire en bois de palissandre; elle achève d'écrire une lettre, et se prépare à la cacheter, lorsqu'un bruit de pas se fait entendre; elle se retourne.... et l'homme qui se présente lui inspire un tel sentiment d'effroi, que d'abord ses yeux se ferment, sa tête se penche et les roses de son teint disparaissent sous une pâleur effrayante ; néanmoins elle ne pousse aucun cri.

Le survenant s'arrête, croise les bras, et la regarde avec autant de malice que de mécontentement. Il a trente ans peut-être, il est bien et de figure et des formes de son corps, il ne manque ni d'élégance ni de hardiesse ; sa taille est bien prise, et ses vêtemens, simples, sont néanmoins ajustés avec goût ; mais il y a sur ses traits des nuances de mille passions opposées Celui-là doit être débauché, orgueilleux, méchant, colère ; il doit se rire de la vertu, braver les lois, se moquer des préjugés. Il a vécu beaucoup, que fera-t-il encore ? se reposera-t-il par lassitude ? non, il paraît plutôt vouloir poursuivre une vie sans doute toute d'aventures et d'extravagances. Ce serait un vrai bonheur si le crime n'y était pas mêlé.

Il regarde la stupeur de madame de Mareil avec un mélange de haine et d'ironie, avec le désir de la maintenir dans cet état par besoin de vengeance, et l'envie de l'en retirer par prudence. C'est entre son intérêt et sa malignité naturelle que le combat se livre. Celui-là enfin l'emporte, car il dit en riant, et alors sa physionomie devient presque radieuse :

— Comment, madame la marquise de Saint-Estève, est-ce ainsi que vous recevez votre.... meilleur ami.... Quoi! pas un doux propos, un tendre regard, une vive caresse! Je m'attendais à mieux au retour d'un voyage sur mer.

Eugénie tressaille ; elle essaie de surmonter ou son chagrin ou son dégoût. Son visage passe subitement d'une pâleur extrême à un coloris ardent. On voit qu'elle tient conseil avec ses sensations, et que la lutte est orageuse. Il y a donc un instant de silence, et l'inconnu le rompt encore :

—Peut-être m'en voulez-vous de ce que j'ai presque forcé votre porte en ne me faisant pas annoncer ? Ce n'est point ma faute, vos gens n'étaient pas là, et mon impatience d'arriver à vous est si légitime !

Et le malin de sourire en donnant à toute sa personne une expression diabolique.

—Allons, madame de Saint-Estève, prenez votre parti, je vous revois plus tendre que jamais, et non en mendiant à repousser. Le sort m'a de nouveau été favorable, et si nous nous entendons bien....

—Que voulez-vous de moi? nos nœuds sont rompus. Je vis paisible, et si vous avez un peu de générosité....

Ce fut tout ce qu'Eugénie put dire, et encore avec embarras, et n'osant pas achever la phrase. Celui à qui on l'adressait repartit légèrement :

—Faites comme si je manquais de générosité. J'ai des droits sur vous, madame la marquise de Saint-Estève.

—Je ne porte pas ce nom, aujourd'hui.

— Je le sais, mais moi je le maintiens, il est brillant.... Or, ma toute divine, poursuivit l'homme qui se qualifiait de marquis de Saint-Estève, tu dois un beau cierge à ma discrétion. Voici un mois à peu près que je rôde à Paris pour prendre langue ; je t'ai vue à l'Opéra, presque au premier jour de mon arrivée; et pour savoir où tu logeais, j'ai revêtu l'habit de mon laquais, je suis monté derrière ta voiture, et tu sais le reste. Je t'ai depuis laissée tranquille, prenant le temps d'être installé. Je le suis, il y a peu à craindre, beaucoup à gagner : veux-tu rentrer au giron nuptial?...

—Jamais! Oh! plutôt mourir.

— Tu es moins tendre qu'avant ma campagne maritime.

— Roger, oublions le passé.

— Je vois que cela te serait commode; mais il me plaît de m'en ressouvenir. Je t'adore toujours, incomparable Eugénie.

Et il se livre à un accès de gaieté qui tarde peu à être suspendu par un retour intérieur à une pensée pénible; car il ajoute presque aussitôt : Si je te suis odieux, à qui la faute? Qui m'a perverti, qui m'a perdu? Je suis ton ouvrage.

—Et la nature, Roger?

—Avait fait de moi un étourdi, un dissipateur, un chevalier d'industrie, c'est possible; mais, toi! où m'as-tu conduit.... au crime, Eugénie.... au crime! Le châtiment m'a frappé, je suis pauvre et toi heureuse.

—Quel bonheur! dit Eugénie avec amertume et en levant les yeux au ciel.

—Tu es riche, encore jeune, toujours jolie.

—Et tu es là, Roger.

—Ah! j'avoue que c'est pour toi la tête de mort que les Égyptiens plaçaient ornée de fleurs sur leur table à manger. Je conçois que ton existence devient moins douce lorsque je me mets devant elle en inconvénient. Cependant, suis-je si méchant diable? ai-je de la jalousie, de la malignité pour le seul plaisir de mal faire? Non, je ne te tourmente qu'à la dernière extrémité, et tu n'es pas tant en droit de te plaindre de mes procédés; ils pourraient être plus sévères sans qu'on me trouvât exagéré. Tu ne veux donc pas aujourd'hui de mon titre et de ma protection conjugale? Soit; mais en retour de l'abandon momentané que j'en fais, j'ai besoin que tu me serves de compère. Je viens du Nouveau-Monde, et j'ai le moyen de vivre décemment. On m'a oublié, à Paris. Tu vis d'ailleurs dans une sphère où je ne dois pas retrouver mes dupes de 1829. Voici ce que j'exige de toi. Tu m'as beaucoup connu dans tes voyages ; car tu as voyagé. Je suis un gentilhomme de bonne maison, fils naturel d'un prince d'Allemagne, élevé, titré en France. Voilà tout : tu me présenteras dans ta maison ; je me charge du reste.

Eugénie eût voulu voir à une potence celui qu'elle doit ménager. Cependant lui dissimulant cette haine invétérée, et sachant d'ailleurs qu'il peut lui nuire beaucoup, elle finit par se calmer, par le regarder avec moins d'horreur et d'effroi, et par s'engager surtout à ce qu'il demande. Lui, en retour, l'interroge sur les divers membres de la société Morase, sur leurs habitudes et la portée de leur esprit. C'est un fourbe habile qui jette ses amorces, dont il espère un grand profit. Un nœud mystérieux l'unit à madame de Mareil. Elle a porté son nom ;

en quelle qualité? ni l'un ni l'autre ne le dit. Peut-être le saura-t-on plus tard.

La causerie devient intime et s'échauffe. Eugénie, revenue de sa terreur profonde, retrouve presque sa gaieté. Une idée, que d'abord elle avait caressée la veille, revient en ce moment s'offrir à elle avec plus de force; elle lui sourit. Et réfléchissant à l'aide que Roger Saint-Estève peut lui donner, elle ne balance pas à lui en faire part, et voici le cas.

Madame de Mareil, piquée des procédés *inconvenans* de Rinaldi Fontoreza, avait formé le projet de s'en venger en femme habile, usagée, et qui sait comment on frappe droit au cœur un coupable. C'était Apolline qu'elle considérait comme criminelle; car Apolline était aimée de Rinaldi. Or, le meilleur moyen de punir celle-ci était de lui enlever le bel infidèle. Comment y parvenir? une idée bizarre en avait fourni les moyens. Madame de Mareil connaissait assez les vrais sentimens d'Astasie pour démêler, à travers ce que cette jeune personne appelait amour de l'égalité, une passion désordonnée pour un mariage qui la transporterait de la maison de commerce de son père dans l'hôtel d'une famille noble. La femme forte est en général très-faible en tout ce qui touche la vanité.

Astasie voulait en outre un mari ; elle en aurait trouvé dans la profession où elle était née ; mais son père, sans en convenir, ne voulait pas non plus d'un négociant pour gendre, et prétendait le choisir parmi les gentilshommes de la cour actuelle. Ils y sont en petit nombre, et le choix présentait des difficultés. Le seul parti convenable pour Apolline, et en dessous de la caste ancienne, aurait été le fils du général Malvière ; mais Ernest venait d'attirer sur lui l'excommunication paternelle et la réprobation de tout homme *pensant bien*, en gardant à l'ancienne dynastie une fidélité ridicule qui fermait sa carrière.

Astasie avait un autre prétendant dans le jeune Stéphen Barrel, pupille riche de l'avocat Denisal. Ici il y aurait eu presque sympathie ; car Stephen, tout romantique, prenait à tâche de se rendre la risée du public à force d'extravagances dans ses idées et dans sa mise. C'était un assez joli garçon, petit, bien tourné, frais et riant, il portait la barbe de bouc, le chapeau pointu, la veste et la redingote à la Henri III; se passionnant pour le moyen âge, s'environnant de casques chevaleresques, de boucliers aux couleurs féodales, de bannières blasonnées, de tous les insignes nobiliaires, et monsieur son père avait été, de son vivant, un honnête orfèvre, très-habile à tromper le monde, ce qui lui avait permis loyalement d'amasser une fortune considérable.

Stephen, qui n'aurait pu nommer son aïeul, à cause de la profession de sa grand'mère, n'en avait pas moins un cachet, armorié d'une couronne ducale sur son écusson de fantaisie, et chaque meuble de *la renaissance*, dont sa chambre était encombrée, avait appartenu à un de ses nobles ancêtres; ceci est une maladie du siècle.

Tels étaient les prétendans actuels à la main d'Astasie. Ni elle ni son père ne pensaient aucunement à Fontoreza, lorsque madame de Mareil, accoutumée à l'intrigue dès son bas âge, conçut le projet d'attirer vers Rinaldi l'attention de la fière saint-simonienne ; et pour que la chose eût lieu, elle avait imaginé un point de roman; c'était de faire passer Rinaldi pour un grand seigneur italien, déguisé, et cherchant une femme qu'il voulait devoir à l'amour et non à la connaissance de son propre rang. Eugénie ne doutait pas que, la chose une fois admise, Astasie ne s'en emparât, que dès lors elle se mettrait en tête d'épouser le bel Italien, et, par suite, à tourmenter la pauvre Apolline.

Ce fut tout ceci que l'intrigante développa à son digne ami, Roger Saint-Estève.

—Parbleu, dit celui-ci, tu ne pouvais mieux t'adresser qu'à moi; je connais Naples de fond en comble, et je donnerai à ton petit commis un duché, une principauté, selon ta fantaisie.

Il fut arrêté que le même jour Roger serait présenté aux Morase sous le titre de marquis de Saint Estève, et que lui se chargerait ensuite de révéler avec discrétion le secret prétendu de Rinaldi Fontoreza.

— Quel nom lui imposeras-tu? demanda madame de Mareil.

— Le sais-je? le premier qui se présentera sur mes lèvres. Au demeurant, veux-tu choisir?

Eugénie allait répondre, lorsqu'on annonça le baron de Malvière. Roger se leva et laissa le général avec la belle veuve, à qui il rendait des hommages assidus depuis peu de temps. Celle-là ne négligeait aucun profit, et le général croyait séduire, lorsqu'il était complétement joué.

# CHAPITRE VI.

> Au commencement d'un premier amour, la confusion est telle qu'on ne peut assurer si on aime ou si on n'aime pas.
>
> *Le Noble.*

# L'Incertitude d'un jeune coeur.

Il y avait demi-soirée chez les Morase. On y attendait le marquis de Saint-Estève, annoncé dès la matinée par madame de Mareil, qui s'était complu à faire son éloge. Il est rare que dans le commerce on refuse de recevoir un homme de qualité, bien qu'entre soi on affecte d'avoir peu de considération pour sa caste. Ceci est la fable mise en action du renard et des raisins. Madame de Mareil n'avait pas laissé ignorer que ce noble seigneur appartenait de la main gauche à une famille souveraine d'Allemagne; ses biens étaient considérables, et il avait depuis peu la manie des achats en grand et des spéculations, toutes qualités singulièrement appréciées de l'industrie avide, et d'autant plus facile à duper que son but continuel est de profiter de la niaise confiance des chalands.

— Est-il célibataire? avait demandé M. Morase par forme de conversation. Astasie, avec une curiosité marquée, attendit la réponse.

— Oui et non, dit Eugénie; il a été uni par des nœuds secrets, et non indissolubles, à une parente de sa mère, on rompit cet hymen d'amour par de fortes raisons politiques. Je vous confie ceci, poursuivit-elle en regardant l'assistance, par amitié, car il m'en voudrait de mon indiscrétion : maintenant il est libre et celle qui l'épouserait ne serait pas malheureuse.

Apolline n'était point là en ce moment, elle causait à un autre bout du salon avec son frère et Rinaldi. Mais, outre le père Morase, Urbain, Astasie et madame Doussel, entièrement rétablie de son indisposition de la veille malgré l'intention formelle du docteur Tuvernier, le reste de la société se composait de l'avocat Denisal, de Stéven Barrel et de quatre à cinq négocians qui se disputaient avec une aigreur peu commune leurs droits aux galons de caporal dans leur compagnie de garde nationale.

On attendait Saint-Estève, et il ne venait pas. — Il nous oublie, dit madame Doussel. — Il est peut-être au château, répartit Eugénie. — Quelle heure est-il? — Dix heures viennent de sonner. — Oh! il viendra. — Sans doute.

En ce moment Léopold de Trencavel, quittant sa sœur, se rapprocha de la cheminée. Madame de Mareil y était, et, ayant fait un signe, contraignit le jeune homme à venir à elle.

— Savez-vous, monsieur le comte c'était le nom qu'il avait dû porter, et qu'il tenait en arrière à cause de son peu de fortune), la pensée qui me tourmente à votre égard? Je voudrais aider à vous mettre dans une position convenable au nom que vous portez. Pourquoi bouder la cour? elle ne demande pas mieux que de se rattacher l'ancienne noblesse; faites un pas, et je me charge de lui en faire faire deux de votre côté.

Léopold, surpris d'un propos semblable, regarda avec étonnement madame de Mareil. Il était dans l'âge aux sentimens vertueux, où est grand le dédain de l'ambition, et où l'on compte pour quelque chose le plaisir que procure une action généreuse. Il avait, comme il a été dit, quitté l'école de Saint-Cyr pour ne pas prêter un serment dénié par son cœur, et, occupé maintenant de ses études de droit, il aurait cru se rabaisser s'il fût revenu sur un acte honorable. Il est encore parmi nous de ces esprits étroits qui préfèrent leur indépendance à leur intérêt, et qui, satisfaits de la médiocrité, ne la changeraient pas contre des chaînes brillantes, mais sans gloire. Léopold donc répondit par une inclinaison de tête et par quelques mots de refus.

—Est-ce sage? continua la dame, vous commencez votre carrière, et avez déjà pris plaisir à la fermer. Cependant il vous sera nécessaire plus tard de revenir sur cette détermination précipitée; car, enfin, êtes-vous fait pour languir dans la poussière du barreau?

—Je remplirai convenablement ma tâche.

— Qui en doute?.. Mais qu'est-ce aujourd'hui qu'un avocat, un faiseur d'affaires, un chasseur à l'affût des procès, qui passe ses journées, non au travail, mais à courir après sa clientèle, un humble courtisan des avoués, un parleur impitoyable, dont la faconde est un débordement en permanence; un homme plus politique que privé, qui débute républicain et qui finit par être à qui l'achète? est-ce là un métier digne de vous?

—Madame fait la satire de la profession, repartit Léopold, et non l'histoire de mes futurs confrères; je sais que beaucoup s'égarent; mais il y en a...

—Oui, cinq ou six peut-être.

— Le nombre de ceux que j'estime est plus considérable.

—Vous êtes placé pour mieux les distinguer, quant à moi je vois la masse, et je ne retire d'elle aucun trait du caractère que je viens de tracer. C'est, me direz-vous, la faute du temps, de l'ambition, de l'avidité. Oui, telle est la source du mal; mais est-ce son excuse?... Savez-vous, poursuivit madame de Mareil en s'interrompant et en prenant un autre texte, que mademoiselle votre sœur est une charmante personne, et que le petit Rinaldi est un très-beau cavalier: c'est l'opinion générale, et, à la vivacité avec laquelle ils causent ensemble, on dirait que tous les deux en sont convaincus.

— La vivacité...

—Oui, mais à cet âge, il y a tant d'attrait à se rapprocher de ceux qui parlent comme nous! En vérité, si j'étais garçon, je serais jaloux de ce regard que mademoiselle de Trencavel vient de lancer sur Fontoreza.

— Madame plaisante, dit Léopold en rougissant et en portant à son tour sur l'Italien et sa sœur des yeux déjà allumés de colère.

Eugénie reconnut alors que le coup avait

porté au but où elle s'adressait, et, avec une malice satanique, elle allait feindre de cicatriser la plaie ouverte avec tant d'art, lorsqu'un homme entre deux âges qui, le matin, servait de garçon de magasin, et le soir de domestique, ouvrant la porte, dit d'une voix aigre et troublée :

— Monsieur le marquis de Saint-Estève ? Chacun se leva subitement.

— Ah! le voilà enfin ce cher ami, s'écria madame de Mareil, je savais qu'il tiendrait à l'honneur de venir ici.

Roger se présenta. Rien ne lui manquait de ce qui prévient à la première vue, et, comme il voulait plaire, il avait ajouté à sa bonne mine le secours d'une parure élégante. Certes on n'aurait jamais dit que ce brillant personnage sortait naguère... Il s'excusa de son retard sur la visite que lui avait faite l'ambassadeur d'Autriche, et, à ces mots, un coup d'œil expressif et un sourire de la part de madame de Mareil firent remarquer cette particularité à ceux qui étaient initiés nouvellement dans la confidence du rang secret du marquis de Saint-Estève.

M. Morase, voulant le bien accueillir, et en même temps ne point paraître ébloui par la supériorité du rang, employa ce mélange si commun de familiarité indiscrète, que plusieurs prennent pour de l'aisance digne, et qui est plutôt l'aveu complet de l'infériorité. Sa sœur s'embarrassa dans des complimens de commère, que Saint-Estève écouta avec une bonté parfaite. Madame Doussel, encouragée, entamait déjà la chronique scandaleuse du quartier, lorsque Eugénie, faisant un geste auquel les indifférens ne pouvaient attacher aucune valeur, attira l'attention de Roger sur le beau Rinaldi Fontoreza. Roger, en apercevant celui-ci, laissa échapper un mouvement de surprise tellement naturel, que peu s'en fallut qu'il ne trompât madame de Mareil elle-même. Alors, se penchant à l'oreille de son compère :

— Quel titre lui donneriez-vous?

— On peut choisir, répartit Saint-Estève. Le voulez-vous prince ou duc? à votre choix? car maintenant celui-là peut porter quelque qualification que ce soit.

— Réglez la chose.

— Il sera duc, c'est le faire descendre.

— Ah! son mérite visible agit sur vous aussi.

Roger ne répondit pas, et pendant tout le reste de la soirée il ne perdit jamais de vue Rinaldi : celui-ci, au contraire, après l'avoir examiné rapidement, cessa de s'en occuper, et aurait préféré poursuivre avec Apolline la conversation qu'ils avaient naguère ensemble, mais Léopold en disposa autrement par la demande qu'il fit à sa sœur de vouloir bien quitter le salon, ayant à lui parler en tête-à-tête.

Apolline, curieuse et sans prévoir ce que Léopold avait à dire, fit ce qu'il souhaitait. Il s'en alla avec elle, ce qui arrivait souvent, et lorsque tous les deux furent arrivés dans la chambre de la jeune fille, son frère lui dit :

— Comment t'appelles-tu, ma sœur?

L'étrangeté de cette question amena une vive surprise dans le cœur de celle qui l'entendit; elle releva la tête, regarda fixement son frère, et, avec une douce gaieté, lui dit :

— Ne suis-je pas Apolline de Trencavel?

— Ce dernier nom, reprit Léopold, doit te dicter des devoirs... Ma sœur, pourquoi cette familiarité avec Fontoreza?

Apolline, à cette question imprévue, se troubla, et ses yeux se remplirent de larmes.

— Faut-il, dit-elle, que je repousse le seul homme de la société qui s'occupe de moi; les autres me traitent comme une pauvre fille, et lui...

— Il est de leur caste pourtant, et la nôtre... Apolline, crois-moi, ne nous marions jamais.

— Il me semble, répliqua mademoiselle de Trencavel avec une naïveté parfaite, que nous sommes bien jeunes tous les deux pour prendre une résolution pareille.

— Du moins pouvons-nous réserver le don de notre cœur à des personnes d'un rang égal au nôtre : les mésalliances sont rarement heureuses.

— Je te ferai observer, dit Apolline presque avec gaieté, que je suis sans fortune, que le signor Rinaldi passe pour riche; dès lors, est-ce lui ou moi qui se mésalliera.

— Tu plaisantes, ma sœur, sur un point grave; fais attention comme nous sommes étrangers aux habitudes de la classe dans laquelle nous vivons. Les nôtres sont toutes dissemblables; nous avons à souffrir ce double contact tout hérissé d'aspérités, que serait-ce lorsque nous serions contraints à supporter ce supplice toute notre vie? La distinction des rangs provient moins de l'orgueil de la naissance que de l'équilibre des manières et de la façon de sentir: on est mal à l'aise avec ceux qui ne pensent ni n'agissent comme nous, et de cet embarras naît le désir réciproque de se séparer, chacun voulant vivre à l'aise, et non dans une gêne perpétuelle que causeront toujours les inégalités de l'éducation et des préjugés.

— C'est de la bien haute philosophie, dit Apolline en soupirant.

— Avoue plutôt que le signor Rinaldi....

— Est-ce un homme comme il faut?

— Lui te l'a dit.

— Non, mon frère, mais il ne faut que le voir pour s'en convaincre. Par quel point, s'il te plaît, ressemble-t-il à cette nuée de commis et de fashionables de comptoir et de banque qui, chaque jour, passent ici sous nos yeux.

— Ses formes étrangères te procurent cette illusion, au lieu que si tu le regardais attentivement....

— Léopold, répliqua Apolline en embrassant son frère, les femmes savent mieux juger que vous autres messieurs ce qui est du ressort des yeux, ces nuances délicates vous échappent, et nous savons si bien les saisir! M. Rinaldi, s'il n'est noble, est digne de l'être.

— Et tu l'aimes.

— J'espère que non, répond timidement la jeune fille.

— Quoi! en ceci de l'incertitude? est-ce que tes regards, si habiles à *saisir les nuances délicates*, n'ont plus la même science quand il s'agit de juger de l'état de ton cœur?

Apolline, par un mouvement de ses lèvres, gronda son frère de sa malice à retourner un propos; puis elle dit :

— Je sens bien que je ne dois pas être la femme du signor Rinaldi, attendu le sacrifice que ta vanité exigera.

— Ce serait, en effet, un bel hymen que celui qui amènerait à Naples, pour orner un comptoir de je ne sais quelle sorte de négoce, la cousine germaine des princes d'Amalsy.

—Tu as raison, j'oubliais que nous avions dans cette ville des parens de notre nom : au reste, au soin qu'ils prennent de nous, à la chaleur avec laquelle ils s'en occupent.... Sais-tu seulement quels sont les membres de cette branche de notre famille qui vivent encore ?

— Non; je sais que notre oncle est mort : voilà tout.

— Le signor Rinaldi les connaît peut-être; tu ne lui en as jamais parlé ?

— Une fausse honte...

—Je me charge de traiter avec lui ce point important.

— Non pas, s'il vous plaît, ma petite sœur, soyez moins empressée à chercher des occasions de vous approcher de ce merveilleux Italien ; vous êtes jeune, je suis votre aîné, et c'est à moi à régler votre conduite. Crois bien que je veux ton bonheur, et cet homme peut-il le faire ? Il me semble que naguère, très-assidu auprès de madame de Mareil....

— Il m'a juré que jamais il ne l'avait aimée.

— Il a suffi qu'il se montrât empressé à lui plaire.

— Je crois à sa parole.

— En serais-tu déjà à ce point ?... non, non, tu ne peux t'abandonner ainsi à un sentiment dont les suites sont à craindre. Je te prie de cesser toutes causeries intimes avec le signor Rinaldi : prends cette détermination raisonnable ; épargne-moi celle de me forcer à m'expliquer avec lui.

Apolline frémit à ces dernières paroles que son frère prononça avec solennité ; de nouveaux pleurs brillaient dans ses yeux éteints, et elle promit de se conformer à une volonté que tout bas elle taxait de tyrannie. Léopold chercha à la maintenir dans cette résolution, et, après avoir échangé un baiser fraternel, il quitta la chambre d'Apolline et se retira dans la sienne sans rentrer dans le salon où la société demeura jusqu'à minuit.

Saint-Estève y brilla; il avait autant d'esprit que de manége; et, accoutumé à jouer un rôle, il ne manqua rien de ce qui pouvait éblouir les Morase. Il parla de ses voyages, de toutes les cours de l'Europe où il avait séjourné. A l'entendre il était entré dans la confiance intime de chaque souverain. Mais ce qui charma le plus la famille et les habitués de la maison, ce fut sa connaissance profonde du change des diverses places d'Hambourg, d'Amsterdam, de Londres. Il ne dédaignait pas de porter son regard sur les opérations financières.

M. Morase, dans son enthousiasme, lui dit :

—En vérité, monsieur le marquis, vous êtes véritablement à la hauteur de l'époque. La noblesse ancienne ne savait que dépenser, se ruiner par suite, celle du jour spécule et s'enrichit.

—C'est qu'elle se modèle sur la cour.

—Ah, oui, là on sait ce que vaut un écu.

—Comment, un écu ! on travaille même sur un centime.

—Oui, reprit M. Morase, en se donnant un air important, on y fait le commerce en grand, et c'est là, convenez-en, une bonne et belle royauté.

—Aussi je ne m'étonne pas si elle prospère.

—Monsieur, reprit l'industriel, je pleure de joie lorsque je vois qu'au château on ne veut rien perdre : ce linge, ces décorations de théâtre, ces diamans des Condé, tout cela vendu à l'enchère ; quel bel exemple ! Ah, c'est attendrissant !

## CHAPITRE VII.

Notre humeur met le prix à tout ce qui nous vient de la fortune.

LAROCHEFOUCAULT, *Réflexions morales.*

# Le Mensonge.

—————

— Savez-vous, ma sœur, ce que nous veut madame de Mareil, demandait M. Morase à la veuve Doussel en se rendant avec elle chez sa locataire?

— Je ne peux l'imaginer, lui fut-il répondu; nous nous sommes quittés cette nuit à heure indue, et, avant midi, elle veut nous voir; elle invite aussi Astasie et même Urbain; mais celui-là où le trouver? il court après la fortune.

— Il fait bien, celle que je lui laisserai, augmentée de celle qu'il se créera, l'élèvera nécessairement un jour à la pairie. Le roi l'a dit, et je le tiens de Vurien : « La seule noblesse désormais sera la richesse. » Belles paroles et dignes de ce grand roi de notre choix! Il est certain que tout homme riche, est par cela seul respectable et digne de tous les honneurs; par exemple, voici notre ancien ami, Darmil; eh bien! *ses deux malheurs* lui ont procuré cent mille livres de rente.

— Par banqueroute, mon frère.

— Par faillite, ma sœur; d'ailleurs il en est sorti blanc comme neige, à l'aide d'un bon concordat, fort en règle et duement homologué.

— Il a donné seulement à ses créanciers dix pour cent?

— Hélas! ce qu'il a voulu, ce qui l'arran-

geait; aujourdhui il est dans les hauts grades de l'armée citoyenne, il va au château.
— Irait-il à l'estaminet s'il avait seulement cent mille livres de rentes? On l'apprécie parce qu'il a su conduire sa barque; en tout, l'essentiel est de réussir.

Ce colloque prit fin dans l'antichambre de madame de Mareil. Le frère et la sœur furent rejoints en ce lieu par Astasie, intriguée pareillement de cette convocation inattendue. Tous les trois entrèrent, non dans la chambre d'Eugénie, mais dans son boudoir, où elle les attendait; cette pièce était plus enfoncée dans l'intérieur de l'appartement et donnait sur le jardin de la maison.

La famille Morase fut reçue avec l'amabilité d'une intrigante adroite, qui d'abord se joua de la curiosité avouée du trio marchand; enfin prenant tout à coup un air grave et s'emparant à la fois des mains de madame Doussel et d'Astasie.

— Ne me remerciez-vous pas, dit-elle, de la brillante personne du marquis de Saint-Estève; c'est là, je présume, un seigneur du *meilleur ton*, eh! bien, il vous a rendu un service... Ce qui me reste à vous conter touche au merveilleux.

La curiosité ne se peignit que plus vivement sur les traits des Morase, et madame Doussel, moins retenue que son frère et sa nièce, dit :

— Si vous savez quelque chose d'important, pourquoi le taire? Quant à moi, non-seulement je répète à mes amis ce qu'on m'apprend, mais encore ce que je soupçonne ou devine; sans cet abandon, il n'y a pas de tendresse véritable...

— Vous me faites frayeur, repartit l'intrigante; ce que j'ai à vous révéler exige une discrétion...

— Est-ce que j'en manque! dit avec aigreur la veuve; est-ce que mon usage est d'aller courir chez la fruitière ou chez le portier pour rapporter ce qu'on me raconte?

Et elle s'arrêta, et se mit à bouder, ce qui lui arrivait souvent. Madame de Mareil s'adressant à M. Morase :

— Vous êtes un homme de sens, Astasie a de la raison, madame Doussel est une femme supérieure ; tout cela m'encourage à vous apprendre ce qui se passe. Il est un très-grand feudataire du royaume de Naples, le duc de Minotaro, riche à millions, jeune, spirituel et beau, qui, par un caprice inconcevable, ou plutôt par un sentiment qu'il lui plaît de déguiser, se trouve à Paris sous un nom supposé, et dans une condition apparente, fort au-dessous de la sienne.

— Voilà qui est singulier, dit madame Doussel, mais qu'est-ce que cela peut nous faire?

— Peut-être, ma sœur, qu'il conspire ici pour des carlistes, repartit M. Morase; et si le gouvernement en était instruit par un citoyen dévoué au roi de notre choix, cela sauverait, encore une autre fois, la France de l'hydre de la rebellion.

— Je gage que je devine, répliqua à son tour Astasie ; il est amoureux, et se cache afin de s'approcher de l'objet de sa passion délicate.

— Vous êtes une fille charmante! s'écria madame de Mareil, et capable de conduire presque un royaume. Oui, tout me porte à croire qu'un noble chevalier errant est très-épris d'une jolie Parisienne; il n'en a rien manifesté encore; du moins, la belle Astasie ne le sait pas.

— Moi, et le connaîtrais-je?

— Nous devons cette découverte au marquis de Saint-Estève qui, par sa position sociale, voit la meilleure compagnie de l'Europe.

— Mais enfin qui est-ce, puisqu'Astasie pourrait le savoir? demanda madame Doussel, je brûle de percer ce mystère.

— On le détruira si on parle, dit Eugénie. »

La veuve recommença à faire la moue, à tel point que toute recommandation de circonspection lui semblait une offense. Astasie, dont l'imagination était allumée, courait déjà rapidement au milieu du vaste pays des chimères, et M. Morase se mourait d'envie d'accroître son importance, par son admission dans quelque secret majeur. Eugénie après un nouveau préambule, leur apprit ce que, certes, ils étaient loin de soupçonner, l'identité de Rinaldi avec le duc de Minotaro.

A cette révélation inattendue, la famille Morase tomba dans un étonnement difficile à décrire. Ce que contait M. de Saint-Estève était-il bien vrai ?

Cette première question fut résolue affirmativement. Quel était son but en taisant ainsi son nom ? fut la deuxième question que l'on adressa à madame de Mareil ; elle répondit :

— Astasie, si elle était moins modeste, pourrait résoudre ce problème, mieux que je ne le ferais.

Une confusion orgueilleuse porta la jeune fille à baisser son front, afin de cacher la joie qu'elle sentait briller dans ses yeux. M. Morase, plus occupé d'affaires de négoce que de délicatesse de sentiment, ne comprit pas d'abord la partie du propos de madame de Mareil ; mais la veuve s'y attacha aussitôt.

— Eh! mon frère, dit-elle, ne voyez vous pas la bonne fortune que le ciel nous envoie; c'est là un mari tout trouvé pour Astasie... certes, ma joie sera grande! comme tous nos amis et amies seront dépités! tu seras duchesse, ma belle Astasie, et s'il le faut pour assurer ce brillant mariage, ton contrat portera donation, après ma mort, de tout ce que je possède, et cela, je pense, s'élève bien aux environs de six cent mille francs.

— Et au moyen d'un tel associé, dit le négociant, qui ne sortait pas du cercle de sa carte, on pourrait tenir un grand commerce avec la Sicile et le littoral grec.

— Et ma nièce irait alors avec les banquières les plus hupées, du beau quartier, avec les D... les O... les... S... les F... et toutes nos grosses marchandes en crèveraient de dépit, et je dirais à chaque phrase que je leur adresserais, la *duchesse, ma nièce*. Oh! cela serait le bonheur réel, n'en doutez pas. »

La veuve, dans l'excès de sa joie, se leva, se rassit, elle étouffait : il y a tant de vanité

chez ceux qui la poursuivent si vivement
dans les autres. Astasie demeurait au contraire immobile, calme, et, en apparence,
comme indifférente à ce qui transportait son
cœur dans un monde que jusque-là elle osait
à peine entrevoir dans ses rêves les plus
exagérés; mais, au fond, elle n'était pas
moins heureuse, moins agitée, elle jouissait
avidement du pouvoir de ses charmes et de
son triomphe brillant. Elle aussi, déjà d'un
coup d'œil avait parcouru la foule nombreuse de ses rivales désespérées, non qu'elle
rangeât dans cette classe les filles de qualité,
sa pensée ne parvenait point jusqu'à elles;
mais c'étaient toutes les demi-grisettes, les
demoiselles de comptoir de sa connaissance,
directe ou indirecte, les demoiselles des autres riches marchands, qui, affectant un mépris souverain des distinctions féodales, s'estimaient fort heureuses lorsqu'elles pouvaient épouser quelque gentilhomme français, de noblesse toute nouvelle, et à peu près
ruiné. Oh! comme son ame nageait dans un
océan de délices en songeant aux pleurs, aux
regrets, à l'envie que sa haute fortune provoquerait!

La famille Morase était donc dans une position délicieuse, et lorsqu'elle s'y plaçait sans réflexion et sur la parole d'un inconnu, aucun des membres qui la composaient ne s'avisa de songer qu'une autre jeune personne pouvait être la cause de la fantaisie romanesque du grand seigneur italien, qu'Apolline, par exemple, avait assez de beauté, de grâces et de naissance pour s'attirer cet amant déjà si bien apprécié. Le cœur humain est ainsi fait; son égoïsme excessif le conduit presque constamment à tout rapporter à soi, à se placer au centre positif d'une sphère d'activité autour de laquelle il fait rouler ce qu'il lui plaît d'attirer dans ce tourbillon. De cette erreur d'amour-propre, provient la facilité avec laquelle on nous trompe et les fautes nombreuses que l'on commet si intrépidement. Apolline fut donc écartée, ou, pour mieux dire, nul ne s'avisa de se rappeler son existence, et ses charmes; d'ailleurs, à part son insignifiance, au dire des Morase, sa pauvreté complète, leur avait paru un bien autre obstacle à ce qu'elle fît un grand mariage. Ces gens d'argent s'imaginent que la richesse rapproche et nivelle tout, et le bien qu'ils avaient à partager avec un futur époux leur rendait encore plus probables les sentimens de celui-ci.

Madame de Mareil, avec une duplicité parfaite, jouissait du succès de sa mystification, qui réussissait à merveille. Les Morase donnaient en plein dans le piége, et leur duperie, lorsque plus tard on l'éclairerait, ne pourrait s'en prendre à elle puisque l'auteur de cette fable, dont on faisait une vérité, était uniquement le prétendu marquis de Saint-Estève. Madame de Mareil, au moment venu, pourrait se plaindre d'avoir été d'abord trompée, et, au lieu de recevoir des reproches, serait en droit d'en adresser à qui elle voudrait.

Lorsque la première joie fut un peu calmée, on demanda conseil à l'intrigante sur la conduite à tenir; s'il convenait que M. Morase eût une explication avec son recommandé.

— Gardez-vous-en, dit Eugénie, ce serait tout perdre. Vous avez affaire à un homme bizarre, original. Savez-vous de quelle façon il prendrait nos paroles, surtout avant que lui-même se soit expliqué avec Astasie? et la chose, à ce qui paraît, n'a pas lieu encore.

—Je ne peux douter qu'il ne m'aime, répondit la jeune fille en jouant la modestie assez gauchement, puisqu'il recherche de son mieux les occasions de venir à moi, mais cependant aucun propos direct n'a éveillé jusqu'ici ma pudeur; il sait mes opinions, mes principes, que je voudrais être la femme forte, et je l'ai vu souvent en admiration devant la sublimité de mes idées: son silence était bien éloquent.

—Et son aveu n'en aura que plus de douceur lorsqu'il le fera, repartit Eugénie. C'est à vous à le provoquer en ne sortant pas des limites de la décence.

— Mais, dit Astasie, ne serait-il pas de ma dignité d'aller au devant de lui.

— Non, point si vite, patientez pendant une ou deux semaines, donnez-lui le temps de vaincre sa timidité. Prenez mes conseils, que je sois votre guide; et si votre docilité répond à mon expérience, un mois peut-être ne se passera pas sans que j'aie à vous saluer sous le titre glorieux de duchesse de Minotaro.

Les titres que madame de Mareil acquerrait à la reconnaissance de la famille de Morase la rendaient en ce moment trop recommandable pour que l'on voulût agir d'autre façon que de celle qu'elle indiquerait : on écouta ses avis, on les adopta. La veuve elle-même jura ses grands dieux que, pendant tout un grand mois, elle saurait se taire. Il fut convenu qu'Urbain serait le seul admis dans cette confidence. Il le fallait d'ailleurs, parce qu'il traitait assez légèrement Rinaldi, qu'il voyait presque sans l'autorité de son père, et que madame de Mareil prétendait que la susceptibilité du duc napolitain devait être excessivement ménagée. Elle dicta en outre d'autres règles de conduite, et aurait bien voulu lancer des mots qui eussent porté les Morase à écarter Apolline, mais elle eut peur de trop entreprendre, et surtout de faire naître la pensée fâcheuse que peut-être mademoiselle de Trencavel était, ou pouvait être l'objet de la passion du duc de Minotaro.

Tout convenu, on se sépara : le chef de la maison, impatient de revenir à son magasin qu'il quittait le moins possible ; madame

Doussel, pour aller se pavaner dans sa chambre, d'abord où elle apprendrait aux meubles, en parodiant le barbier de Midas, ce qu'il lui était expressément défendu de confier à sa vieille femme de chambre ; Astasie enfin, plus que toute autre, avait besoin de solitude pour jouir pleinement de son bonheur. Déjà elle se voyait courant les rues de Paris en la compagnie de son noble époux, et dans un landau superbement blasonné, un piqueur le précédant, et derrière, un groupe de laquais, chasseurs, nègres, basques ; tout enfin ce que le luxe n'ose se permettre qu'avec une sorte de honte, lorsque la splendeur du sang n'est point là pour le soutenir.

Astasie, jusqu'à ce moment, avait à part elle, et bien dans le secret de son cœur, rêvé une alliance possible un jour avec le comte Léopold de Trencavel. Ce jeune homme devenait le pis-aller de son orgueil; car la femme forte en spéculations philosophiques voulait en réalité devenir femme de qualité : c'est la marotte des *demoiselles du commerce*. On dirait que *messieurs du magasin* ne sont faits de toute éternité que pour être commis.

## CHAPITRE VIII.

> On sacrifiait autrefois à l'ambition et à la gloire. La seule idole aujourd'hui, c'est l'argent!
>
> *Recueil de Maximes.*

## Un Frère d'actualité.

---

Dès ce moment, il y eut dans la maison Morase une révolution consommée. Le chef jusque-là, quoiqu'il eût épousé une fille bien née, affichait un dédain superbe de la noblesse; les événemens de juillet, en amenant l'industrie à la place de la féodalité, avaient augmenté son orgueil de boutique. Eh bien! on l'entendit dans son salon soutenir la thèse que le roi-citoyen devait, dans l'intérêt de tous, rallier au nom constitutionnel les familles patriciennes de l'ancien régime, et que tout noble qui s'allierait au magasin ferait un tel acte de civisme que, dès ce moment, il serait digne de se confondre dans la grande famille des industriels.

Un tel changement frappa les amis de Morase. Un d'eux, le gros courtier-marron, se mit à dire :

— Tiens! est-ce que celui-là va faire le tome second de L.... qui, n'osant pas donner sa fille à un vrai noble, a pris le meilleur noble parmi ceux qui ne l'étaient que d'hier? A qui en veut-il?

Et on chercha dans cette coterie lequel des gentilshommes assidus à la Bourse, car on y en voit, à leur honte, tendait à se classer parmi les vainqueurs de juillet. Nul des curieux, que déjà rongeait l'envie, ne descendit jusqu'à Léopold : il était pauvre, et ce défaut est pis qu'un vice parmi les honorables industriels.

Madame Doussel prit tout à coup des airs de hauteur qui convenaient mal à sa taille épaisse, à sa tournure commune, à ses propos si vulgaires. On la voyait se soulever à peine de dessus son fauteuil lorsque quelque grosse marchande des environs entrait; elle soutenait la conversation dédaigneusement, et se lançait aussi dans l'éloge ampoulé de la noblesse. Sans en parler à la famille, elle recommanda à chaque domestique, aux garçons de magasin, jusqu'aux facteurs de course, de montrer un respect profond envers Rinaldi Fontoreza, et pour déguiser ce que cet ordre ainsi donné aurait d'extraordinaire, elle en étendit l'observance à Léopold de Trencavel.

Ce fut une nouveauté. Jusque-là l'un et l'autre avaient, pour ainsi dire, passé comme inaperçus; un commis, en général, est un peu moins que rien chez son patron, et un pauvre pupille n'est guère plus chez son tuteur riche, et qui, surtout, l'est par la conséquence de son travail. Quelque mystère que la veuve eût mis à faire ce coup d'état, de quelque soin qu'elle l'eût enveloppé, il ne laissa pas que de causer un terrible éclat dans les régions inférieures de la maison. On se mit là à conjecturer, et, à force de réfléchir, on trouva que Léopold, ou monsieur l'avocat, comme on l'appelait par prédilection, deviendrait l'époux d'Astasie, et Rinaldi celui d'Apolline. Certes, ce n'était pas la pensée des divers intéressés compromis dans ce commérage; mais en attendant, et en conséquence de la soumission servile qu'on observe dans ces sortes de lieux, où les rapports journaliers sont ceux des tyrans aux esclaves, on parut empressé et respectueux devant ceux que la veille on traitait sans cérémonie.

Que le peuple ne s'y trompe pas, ce ne sera jamais dans ses rapports avec le commerce qu'il se façonnera à l'indépendance. Toujours, celui qui le paie voudra l'écraser et l'humilier surtout. Que l'on cherche avec soin l'égalité, j'ignore où on la trouvera; mais ce que j'affirme, c'est qu'il lui est inutile d'entrer dans une boutique ou dans un atelier : les *patrons* et les *maîtres* n'y souffrent jamais sa présence.

Astasie, de son côté, prit à l'égard de ses amies des manières impertinentes qu'elle ne sut pas déguiser habilement. Elle s'attachait à plaindre, avec une pitié dédaigneuse, celles qui ne se mariaient que pour passer du comptoir paternel à celui de leur époux ; que d'une chaîne réelle on allait à une autre non moins pesante ; que le mariage ne pouvait être véritablement heureux que lorsqu'il plaçait une jeune femme dans une situation brillante et en dehors surtout du tracas des affaires ; quant à elle, tout hymen serait refusé qui ne lui permettrait pas ses courses au bois de Boulogne, au Ranelagh, aux Bouffes, à l'Opéra et à la cour. Oui, à la cour, où sans doute une place lui serait prochainement réservée.

Les compagnes d'Astasie l'écoutaient avec surprise, et ne voyaient pas d'où lui viendrait ce mari qui la releverait si haut ; néanmoins une jalousie interne commençait à les dévorer, et elles répondirent par des picoteries aigres aux airs de supériorité que celle-là affectait déjà.

Urbain Morase écouta d'abord avec assez

de satisfaction la confidence qui lui fut faite relativement à Rinaldi Fontoreza; mais à peine son père lui eut-il dit que, pour assurer cette alliance à la famille, madame Doussel se disposait à donner, par contrat de mariage, l'expectative certaine de sa fortune à Astasie, qu'un cri aigu lui échappa; il battit des mains avec une violence extrême, et, s'adressant à son père, tout surpris de son agitation :

— Et vous souffrez, dit-il, que l'on m'égorge, que l'on me ruine ainsi! Par la mort-Dieu! que je vous dois de la reconnaissance, et que votre bonté est ample à mon égard!

— Mais, Urbain, je suis assez riche pour te dédommager; vois même, à ton égard, les avantages d'une telle alliance.

— Et qu'est-ce qu'elle me fait à moi? elle me ravit la meilleure part de six cent mille francs.

— Mais un vrai duc pour beau-frère.

— Une si forte somme, passant en des mains étrangères !

— De ta sœur, Urbain.

— Que m'importe?... Non! de par tous les diables, je ne consentirai jamais à ce mariage.

— On n'a pas besoin de toi.

— On me déshérite, moi, si coté, si travailleur, on me réduit à la mendicité!

— Tu es fou.

— Toute la fortune de ma tante à Astasie, et à moi, pas une obole!.. J'en mourrai!

M. Morase ne voulait pas avouer qu'*in petto*, il trouvait naturel le désespoir d'Urbain; il lui importait peu, puisque lui, loin d'y perdre, y gagnerait en importance; cela n'empêcherait pas que son fils n'eût raison dans cette circonstance : aussi, loin de trop lui reprocher son avidité, il s'attacha seulement à le consoler en lui montrant que, par le concours du duc de Minotaro, la maison Morase s'ouvrirait des débouchés immenses sur les côtes du royaume de Naples et de Sicile. Urbain écouta tout ce qui lui fut dit à ce sujet, mais n'en conclut pas moins en lui-même qu'on le dépouillait d'un bien dont il se croyait déjà le propriétaire pour le transporter à un étranger.

Son désespoir, peut-être, l'aurait porté à un éclat désagréable à sa famille, si en même temps son esprit avide n'avait enfanté un plan qui lui parut propre à éviter le coup dont l'orgueil de ses parens voulait le frapper.

Urbain, malgré sa soif constamment allumée d'accroître sa fortune, n'avait pu voir se développer auprès de lui les charmes d'Apolline sans en être vivement frappé; il craignait de faire paraître le sentiment qu'il taxait de folie, puisqu'il l'amènerait à prendre pour femme une fille pauvre, sorte de mariage frappé de son prochain mépris. Peut-être, pour tout accorder, aurait-il essayé de séduire sa cousine, mais, à part l'indignation de son père, il redoutait la juste vengeance que Léopold ne manquerait pas d'en tirer. Résolu donc de ne point faire une double sottise, il se tenait à l'écart, et, néanmoins, poussé par le mouvement de son cœur, il observait Apolline avec plus de soin que le reste de la famille.

Il en était résulté qu'Urbain avait vu seul la vérité, c'est-à-dire le penchant mutuel qui rapprochait sa cousine et Rinaldi. Il en éprouva d'abord du dépit, il se préparait, par malice unique, à troubler cet amour naissant, qui se formait en opposition à sa fantaisie, lorsque la communication de son père vint lui faire changer soudainement son projet.

En supposant que Rinaldi fût ce qu'on prétendait qu'il devait être, un hymen avec une fille de qualité pouvait avoir lieu, et dans cette classe, se disait-il, ils sont assez fous pour ne tenir aucun compte de la fortune, ou pour empêcher que l'appât de celle de ma tante, unie aux biens qu'Astasie aura personnellement, ne tente ce beau signor. Il faut que j'emploie toute mon adresse à l'engager à persister dans ce qu'il éprouve en ce moment.

Urbain calculait trop bien tout ce qu'il faisait pour consentir à perdre du temps, et, immédiatement après la conversation qu'il avait eue avec son père, il se mit en quête de Fontoreza. Jusqu'à ce moment, aucune intimité n'avait eu lieu entre eux. Urbain regardait l'étranger comme d'un rang inférieur au sien en sa qualité d'élève de commerce, et, par suite, lui parlait peu. Rinaldi, de son côté, ne se sentait aucune sympathie pour lui, de sorte que, vivant journellement ensemble, ils étaient, l'un à l'égard de l'autre, sur le ton de la plus parfaite indifférence.

Mais l'intérêt, allumé dans un cœur, y apporte une chaleur particulière. Urbain, descendant de sa morgue permanente, alla dans la partie du magasin, à la caisse, où Rinaldi se tenait parfois, lorsqu'il n'était pas à prendre, à l'extérieur de la maison, les leçons de l'école d'industrie. Il y était en ce moment. Urbain alla vers lui, et, avec une affabilité gracieuse :

— Signor, dit-il, vous voilà au travail ni plus ni moins que si on vous payait à la journée : un peu moins d'assiduité ne vous ferait aucun mal, et, si vous m'en croyez nous irons nous promener ensemble.

Cette proposition, la manière dont elle était faite, étonnèrent étrangement Rinaldi il n'avait jusque-là soupçonné dans Urbain aucune affection pour lui, et comme, de sa part, il se souciait peu de la conquérir il se tenait en arrière, et ne lui adressait la parole que lorsqu'il y avait nécessité : peut-être même aurait-il refusé la proposition qui lui était faite, s'il n'eût songé que l'on trouverait étrange tant d'indifférence pour un excès d'honneur. Rinaldi était dans cette position, où, pour bien faire, il faut remplir exactement toutes les conditions qu'elle impose.

Il se leva donc, prit son chapeau, et suivit en silence Urbain, se dirigeant vers la Place-Royale. La conversation entre deux interlocuteurs que nul point ne rapproche, devait être languissante; elle fatiguait même : le silence aurait mieux valu. Urbain qui ne manquait pas de tact, fut prompt à s'en apercevoir, et, pour l'animer, entama d'une manière détournée le sujet où il voulait en venir.

— Eh bien! dit-il, vous voilà à Paris et vous devez commencer à vous accoutumer à nos usages. Vous plaisent-ils? sont-ils différens de ceux de votre cité natale?

— On se remue ici autant qu'à Naples,

répartit Rinaldi ; on y crie moins : voilà tout.

— Et les dames, que vous en semble?

— Je les admire; elles sont charmantes :

— Et dans leur foule, avez-vous fait un choix?

— La coutume de Naples, répondit Fontoreza en riant, diffère en ceci de celle de Paris; elle recommande une discrétion absolue.

— Quoi! même à nos meilleurs amis.

— A peine si un seul est excepté.

— Signor, je voudrais être celui-là pour vous.

— Ah! monsieur Urbain, ce serait de votre part trop de condescendance, repartit Rinaldi avec humilité.

— Je ne sais pourquoi nous ne sommes pas plus intimes; nos âges se rapprochent, et je serais charmé de faire de vous un ami.

— Monsieur...

—Il serait possible, poursuivit Urbain avec

assez d'adresse, qu'un sentiment antérieur vous éloigne de moi.

—Et lequel, s'il vous plaît? demanda Rinaldi avec une pleine innocence.

—Vous pouvez croire que je tends au but que vous regardez, vous pouvez craindre que je ne veuille vous heurter dans votre route.

—Je ne vous comprends pas, dit Rinaldi; mon projet n'est ni de m'établir à Paris ni d'entreprendre le genre de commerce de monsieur votre père.

—Eh! qui vous parle de négoce? il s'agit uniquement d'un intérêt de cœur.

Rinaldi, commençant à deviner, répondit par une exclamation. Ils étaient alors sous les arcades de la Place-Royale, et dans la partie la plus solitaire. Urbain s'arrêta, et, prenant la main de son compagnon :

—Vous devriez, dit-il, me juger digne de votre confiance et me parler à cœur ouvert.

Rinaldi garda le silence.

—Serez-vous fâché si je parle pour vous? continua Urbain.

— C'est selon ce qu'il vous plaira de dire.

— Si, par cas, je prétendais que vous êtes amoureux, le nieriez-vous?

— Non.

— Et si j'ajoutais que vous aimez ma cousine?

— Monsieur, s'écria Rinaldi, vous allez bien loin.

— Dites plutôt que je vois clair, et ce sera plus exact.

Rinaldi continua de se taire, et Urbain, charmé d'être parvenu à ses fins, reprit:

— Est-ce une mauvaise action? Non, sans doute. Apolline est charmante; elle est d'une famille très-ancienne; sa fortune est médiocre; mais lorsque soi-même on en possède une fort grande, qu'il est doux d'enrichir l'objet qu'on aime! c'est un bonheur que je tiendrais tant à me procurer!

Et un soupir sec partit, non de l'âme, mais de la bouche d'Urbain.

— Il est certain, ne put s'empêcher de répondre Rinaldi, que rendre heureuse la personne qui nous inspire une tendre affection est la première des félicités humaines.

— Et, sans doute, vous aspirez à la goûter?

— Mademoiselle de Trencavel est d'un sang illustre, et je craindrais...

—Oh! vous êtes trop en défiance de votre mérite, et, d'ailleurs, si votre père est riche. Qui sait, d'ailleurs, continua Urbain avec un sourire malicieux, tous les avantages que ma cousine rencontrerait dans cette alliance?

— Elle s'unirait du moins à un homme qui désirerait qu'elle ne regrettât jamais son alliance.

— Vous convenez donc, signor, de votre amour?

— Moi?

— Vous venez de le dévoiler, moins encore par vos paroles que par la vivacité qui les accentuait.

—Est-ce bien à monsieur Morase, demanda

Rinaldi avec une fierté mécontente, de chercher à surprendre le secret d'autrui?

— Pourquoi non, lorsqu'on a la pensée de servir autrui... Vous m'intéressez, Rinaldi, dit Urbain, toujours en cherchant à prendre un ton sentimental, dont il ne trouvait en lui aucun modèle; je voudrais coopérer à vous satisfaire, et si vous me refusez toute amitié je n'y parviendrai pas. Pourquoi vous méfier de moi? vos vues sont honorables, vous appartenez à la classe du commerce, vous êtes le fils d'un correspondant de mon père, notre commensal; j'ai déjà su vous apprécier et à tant de titres....

Urbain s'arrêta, sa sensibilité factice touchait à son terme; il voulait d'ailleurs laisser à Rinaldi le loisir de répondre; celui-ci, violemment ému, se demandait pourquoi les offres obligeantes du jeune Morase le laissaient si défiant : n'était-ce pas une ruse pour ravir son secret et le tourner à son désavantage? Pourquoi prendre si vite le parti d'un étranger, si une arrière-pensée n'était point cachée là dessous? mais, d'un autre côté, Rinaldi aimait; des nœuds qu'il ne pouvait rompre l'attachaient de plus d'une façon à mademoiselle de Trencavel : dans cette position, convenait-il de refuser l'aide d'un proche parent qui aurait d'ailleurs tant d'influence sur l'oncle d'Apolline ; cette dernière raison détermina le sens de la réponse de Rinaldi.

— J'avoue, dit-il, que mon cœur est pris et qu'une union avec votre cousine comblerait mes vœux les plus chers, aussi vous prierai-je, puisque vous vous montrez si porté à me servir, d'être auprès de monsieur votre père l'interprète de mon désir lorsque le moment de lui parler sera venu.

— Vous me charmez par votre franchise, s'écria Urbain, dont la figure rayonna et dont la joie se manifesta d'une façon très-naturelle ; si vous vous fussiez tenu en une réserve incommode, il ne m'eût pas été possible de vous obliger selon mon envie, tandis que maintenant je pourrai, et sans chercher à me faire valoir, vous affirmer que mon concours vous sera nécessaire ; sans lui Apolline ne serait pas à vous.

Ce propos alarmant Rinaldi, il se hâta

d'en demander l'explication. Urbain répondit en apprenant au jeune Napolitain que M. Morase voulait donner sa nièce au fils d'un de ses anciens amis, à un *voyageur* (un commis faisant les courses de la maison); que cet époux futur courait maintenant les grandes routes, et qu'à sa rentrée le mariage aurait lieu.

— Quoi! sans le consentement des parens paternels de votre cousine?

— En existe-t-il encore? Ceux qui habitent la France le sont à un degré si éloigné qu'on s'en occupe peu, eux-mêmes n'ayant jamais pris le moindre intérêt à Apolline ; quant à ceux de Naples, ils sont encore inconnus.

Urbain, à la suite de ceci, parla de la famille d'Amalfi, mais d'une manière confuse, et comme quelqu'un qui ne la connaissait pas ; il en conclut que Léopold, lorsqu'il aurait atteint sa majorité, était le seul Trencavel qui eût des droits à disposer de sa sœur, et que, selon toute apparence, il ne refuserait pas pour elle le parti qui se présenterait ; cette confidence déplut à Rinaldi, et le porta à se rapprocher davantage d'Urbain. Ils eurent ensemble une longue explication, dans laquelle le jeune Morase lui dit nettement que la meilleure manière à prendre pour obtenir Apolline serait de l'enlever, et cela sans trop de perte de temps.

Cette proposition extraordinaire frappa Rinaldi; elle n'entrait aucunement dans ses vues, et il tenait trop à l'honneur de celle dont il voulait faire sa femme pour le compromettre par un tel coup d'éclat; il pensait d'ailleurs que les moyens de succès dont il disposerait plus tard lui assureraient le succès avec un avantage supérieur, aussi fut-il loin de s'accorder avec Urbain sur ce point important; il avança, pour motiver son refus, des maximes en usage parmi la bonne compagnie. Urbain les rétorqua avec celles de l'intérêt personnel, fort surpris, d'ailleurs, que l'opinion publique eût quelque crédit sur un homme de sa caste, lorsque l'intérêt devait la mépriser.

Il s'ensuivit une discussion vive : Urbain y apporta tant de passion et de ténacité, que

Rinaldi, étonné, s'avisa de songer que peut-être ce jeune commerçant était mu par une intention cachée, et il se promit de chercher à la deviner ; ceci ne le rendit pas plus facile à ce qui lui était proposé, et Urbain, après une résistance opiniâtre, eut la douleur de ne pouvoir vaincre Rinaldi, et par conséquent celle, non moins véhémente, que lui inspirait le complot formé par les parens contre lui.

# CHAPITRE IX.

> L'homme construit toujours un palais d'illusions sur une base de chimères et puis se fâche quand il ne trouve pas à s'y loger en réalité.
>
> *Recueil de Maximes.*

# Le Désappointement.

Les deux nouveaux amis se séparèrent avec une cordialité apparente, et au fond avec moins de sympathie réciproque qu'ils n'en avaient déjà, Urbain méprisant les scrupules de Rinaldi et même se défiant de ses intentions à venir ; Rinaldi peu disposé à confier son amour si pur ; à un homme dont le premier conseil était le déshonneur d'Apolline ; néanmoins, ni l'un ni l'autre ne s'épargnèrent les protestations d'usage ; et Urbain, quoique désappointé, conjura Rinaldi de le maintenir dans sa confiance, et de l'informer de tout ce qui se passerait entre lui et mademoiselle de Trencavel ; Rinaldi s'y engagea, avec néanmoins la réserve tacite de ne point aller au-delà de ce qu'autoriserait la discrétion, et déplorant que ses efforts pour se rendre de plus en plus agréable à Léopold ne fussent pas couronnés du succès ; celui-ci loin de se rapprocher de lui, s'en éloignait chaque jour davantage.

Ce n'était point par une impolitesse grossière que Léopold manifestait des sentimens contraires au jeune Napolitain, mais par cette froideur, cette indifférence qui ont tant de force dans un homme bien né ; elles ne permettent point qu'on vienne à lui lorsqu'il s'éloigne, et le plus effronté hésite à s'avancer vers celui qui se conserve dans une dignité qui pèse sur tous ses alentours.

C'était ainsi que Léopold agissait envers

Rinaldi ; jamais il ne lui parlait le premier, jamais il n'enveloppait une réponse demandée par une question directe, dans ces formes bienveillantes qui savent si bien nouer l'amitié ; des mots brefs et glacés suffisaient, et la conversation tombait malgré la bonne envie de la perpétuer qu'avait Rinaldi; mais ses avances étaient repoussées, et il s'affligeait de ne pouvoir réussir ainsi qu'il l'eût souhaité.

Au dernier moment, la froideur de Léopold à son égard parut plus marquée ; elle provenait de certaines plaisanteries que lui avait adressées madame de Mareil touchant l'intimité qui paraissait s'élever entre Rinaldi et mademoiselle de Trencavel ; la maligne coquette semblait ne voir là dedans qu'un badinage, quand le sévère Léopold souffrait des propos auxquels sa sœur serait par trop exposée. Il s'en était suivi cette explication rapportée dans un des chapitres précédens.

Un autre personnage augmentait, par ses manœuvres, le mécontentement de Léopold; le chevalier de Lens, ce vieillard toujours chagrin et frondeur, ne se radoucissait qu'en présence du jeune Trencavel, il causait avec lui volontiers, l'entretenait dans ses préjugés de caste, dans son éloignement de ses habitudes mercantiles, au milieu desquelles il vivait pourtant, et lui répétait sans cesse que tout mariage était mal assorti lorsque les rapports de naissance n'y étaient pas en première ligne ; le chevalier non content de généraliser ces maximes, les appliquait autour de lui, et parfois disait à Léopold :

— Souffrirez-vous que votre sœur épouse un homme qui, du matin au soir, peut faire banqueroute?

— Non, certainement.

— Eh! bien, pourquoi la laisser ici?

— M. Morase est son tuteur.

— Qu'il la mette au couvent.

— Il s'y refuse.

— Que vos parens l'y contraignent.

— Eh! où sont-ils, monsieur? aucun de ceux qui ont ce titre ne se sont présentés à nous depuis la ruine et la mort de mon père; tous nous ont complétement abandonnés.

Le chevalier de Lens cacha son visage dans ses mains, puis il se mit à dire :

—Oui, l'égoïsme des uns, l'orgueil des autres, les événemens politiques, le temps écoulé depuis certaines séparations, certains motifs qu'on garde en soi comme des vers rongeurs : voilà, monsieur de Trencavel, les causes qui expliquent le délaissement dont vous vous plaignez ; cependant n'accusez pas tous vos proches ; peut-être en est-il dans le nombre qui s'occupent de votre sort plus que vous ne le présumez ; qui sait ce que l'avenir vous réserve ?

— J'ignore, répondit Léopold, les décrets de la Providence à mon égard, je tâche de me soutenir par ma propre force, et puisque la carrière des armes m'est fermée...

— Vous n'avez donc pas voulu servir le gouvernement actuel ?

— Non, il n'a pas mon estime ; si j'étais resté au service, je lui aurais accordé des droits sur ma personne ; au barreau, je marcherai dans une pleine indépendance, et mon cœur ne me reprochera pas ce que je céderais à l'ambition.

— Un homme de votre nom, pourtant,

n'est guère du bois dont on fait les avocats.

— Pourquoi cela? l'étude des lois, la profession de les défendre, me semblent honorables, il me suffira de me tenir à l'écart de la foule affamée, de remplir mes devoirs en homme de bien; et si jamais le roi que j'espère nous est rendu, si mon épée lui est plus nécessaire que ma plume, je jetterai la toge et reprendrai la route dont je ne me suis écarté qu'avec regret.

— Vous êtes un digne jeune homme, répliqua le chevalier de Lens avec enthousiasme; oui, notre messie viendra, cela ne peut être autrement, et vous compterez, je l'espère, parmi les illustrations de son trône.. Mais, mon cher enfant... mon cher monsieur, veux-je dire, cet événement est plus prochain qu'il ne paraît l'être, et il faudrait qu'aucun des vôtres n'eût à le voir avec déplaisir. La chose arriverait pourtant si votre sœur fesait un mauvais mariage, et franchement, le commis italien qui rôde ici ne me plaît point; il est d'autant plus dangereux, que ses manières sont au-dessus de sa profession.

— Je pense comme vous, dit Léopold avec dépit, et je voudrais qu'il ne fût pas venu.

—Vous pouvez, du moins, l'empêcher de causer intimement avec votre sœur ; parlez en frère, expliquez-vous, soit auprès de mademoiselle de Trencavel, soit auprès de cet homme qui se dit votre oncle.

— Sa femme était sœur de ma mère.

— Soit... mais, au fond, il n'est point votre parent.

Tandis que cet orage excité par l'orgueil de caste du chevalier de Lens s'élevait contre Rinaldi, celui-ci ne pouvait se rendre compte du changement subit qui avait lieu à son égard dans la maison Morase. Le chef, qui lui parlait peu, avait dorénavant toujours quelque chose à lui dire, et cela avec un air de bienveillance cérémonieuse très-singulière ; madame Doussel le saluait sans jamais y manquer, chaque fois qu'il entrait ou sortait ; lui adressait-elle la parole, c'était pour lui recommander de ne pas s'enrhumer, pour qu'il prît la meilleure place ; était-on à table, on le servait presque le premier, et des morceaux les plus délicats ; les domestiques prenaient devant lui un ton respectueux, auquel, jusque-là, on l'avait peu accoutumé.

Que signifiaient ces façons d'agir si contradictoires à celles qui les avaient précédées? d'où provenaient-elles? Il se le demandait, et aucune explication ne le satisfaisait. Il s'apercevait également de l'affectation mise à le rapprocher d'Astasie : il y avait toujours pour lui une chaise auprès de la sienne, et lorsque, presque forcément, il venait s'y asseoir, alors commençaient des conversations interminables, dont l'analyse des sentimens du cœur faisait le fond perpétuel. Astasie convenait que, tourmentée par un mal vague, elle en demandait le remède à sa raison qui ne lui répondait pas: que ses idées prenaient un cours mélancolique dont elle ne pouvait les retirer, et de là arrivaient à la suite tous ces propos romanesques, romantiques, ces phrases abondantes, vides de sens et gonflées de mots.

Rinaldi écoutait avec un ébahissement extrême, sans bien concevoir le but de cet étalage; il cherchait honnêtement à faire retraite, à se rapprocher d'Apolline ; mais était-ce facile, lorsque autour de lui M. Morase, la veuve et un ou deux amis, dont on se servait en guise de paravent, l'enveloppaient de manière à ne pas lui laisser la liberté de mouvement?

A la cinquième ou sixième fois qu'eut lieu ce manége, et tandis que Rinaldi déplorait son infortune, Astasie, lasse de tant donner à comprendre sans qu'il parût qu'on l'entendît, tourna vers le bel Italien un regard mourant, et l'accompagnant d'un soupir à l'unisson :

—Vous êtes heureux, signor Fontoreza, dit-elle, heureux de conserver la tranquillité de l'ame, à un âge où il est si commun de la perdre, et peut-être si agréable de l'échanger contre les inquiétudes d'une passion ardente et philosophique!

Rinaldi entendit avec stupéfaction cette phrase prétentieuse et tout en dehors de sa manière d'exprimer ce qui l'émouvait. Il admira en même temps, parce qu'il était juste, l'éclat peu commun des beaux yeux d'Astasie et la douceur du feu qui les remplissait; comme d'une autre part il manquait d'amour-propre, il ne put croire que leur langage muet et si éloquent s'adressât à lui; et ne voyant là encore qu'une amitié presque italienne, tant elle se montrait véhémente, il répondit :

— Pourquoi présumer mon indifférence? Une flamme parce qu'on la cache n'en a que plus de violence. Je ne suis pas de ceux qui prennent le monde entier pour confident.

— Peut-être avez-vous tort, lui fut-il répliqué du ton déjà adouic; car enfin quand un amour est honorable.... et quand il peut être partagé, alors pourquoi, par une retenue sans but, se créer à soi-même des obstacles?

— On ne les imagine pas toujours, ils existent souvent, je le sais trop.

— Sortez de votre erreur, car enfin.... êtes-vous de.... ceux qu'on refuse?

Et chaque mot semblait sortir avec effort de la bouche d'Astasie.

— Cependant, dit-il, je ne sais quel malin génie éloigne de moi....

Il s'arrêta craignant d'en dire trop. Astasie, enchantée de la tournure prise par l'attaque et la défense, repartit vivement :

— Qui, s'il vous plaît? où voyez-vous qu'on soit froid à votre égard? chacun ici vous apprécie, et j'ose ajouter vous aime.

En s'énonçant ainsi, elle baissa la tête comme pour cacher la honte de son aveu. Elle s'attendait à une réplique impétueuse, à une déclaration d'amour, en retour de celle que *son innocence*, pensait-elle, venait de lâcher; mais à quel point ne monta pas son dépit lorsque Rinaldi se contenta de répondre :

—Non pas, au moins, le comte de Trencavel; je conçois difficilement la répugnance que je lui cause.

— Qui en sait le motif? Un plus galant que vous l'attribuerait peut-être à de la jalousie.

— Jaloux? quoi ! de sa sœur?

—De sa sœur, répéta Astasie, qui releva la tête, sans se soucier cette fois de dérober le sentiment qui allait y paraître, que voulez-vous dire? Est-il question d'Apolline.

—J'ai commis la faute, j'ai avoué ce que j'aurais dû taire; et maintenant que vos questions ont dérobé mon secret, il ne me reste plus qu'à vous conjurer de me continuer cette bonté dont vous me donnez maintenant la preuve. Oui, je vous avouerai, avec autant de confiance que de franchise, l'état de mon cœur. J'aime mademoiselle de Trencavel, je voudrais qu'elle daignât m'accorder sa main, et, avant tout, que son frère eût pour moi moins d'indifférence. Vous pouvez, mademoiselle, me servir, et je me flatte que vous m'accorderez les soins de l'amitié.

L'amour est verbeux, il se plaît aux longues phrases. Rinaldi en fournit la preuve par celle que je viens de transcrire. Il aurait pu néanmoins la prolonger encore, à tel point ce qu'il disait frappait douloureusement Astasie, renversait les châteaux en Espagne qu'elle avait crus jusque-là de solides réalités. Ainsi elle tombait sans espoir du haut de la grandeur qu'elle s'était construite, et l'amant noble, si délicat, si romanesque, disparaissait sans pour cela être perdu. Au contraire, il se retrouvait ; mais c'était pour l'humilier, l'outrager ; car pouvait-elle voir sans chagrin, sans colère, que l'on transportât à sa pauvre cousine tous les avantages qu'elle-même croyait déjà posséder. Son front pâlit, ses yeux se remplirent de larmes, les muscles de son visage se tendirent désagréablement ; elle recula son fauteuil par un geste involontaire, et puis, se tournant à demi avec dédain, dit enfin, à la suite d'un silence rempli de maladresse :

—En vérité, monsieur, vous me faites une proposition étrange. Me convient-il d'entrer de moitié avec vous dans un plan de séduction envers ma cousine.

—Ah! mademoiselle, c'est me traiter tout à coup avec une rigueur étrange. Est-ce annoncer des intentions coupables que de les confier à la plus proche parente de la femme aimée? Je ne vous demande que vos soins auprès de son frère, et d'obtenir de mademoiselle de Trencavel qu'elle m'apprenne franchement si mes soins lui sont ou non agréables. Je la chéris de toutes les forces de mon ame, et ma joie sera de mettre à ses pieds ma fortune, mes.... tout ce que je possède, dit-il en se reprenant. Je sais, poursuivit-il, que mon humble naissance sera peut-être un obstacle....

Un regard rempli de mille sentimens divers que lui lança Astasie l'arrêta tout à coup. Mademoiselle Morase, en proie à un désespoir d'orgueil et d'amour-propre, cruellement offensée, aurait éprouvé quelque douceur en retour de tant d'amertume, si, au lieu de voir dans Rinaldi le duc de Minotaro, elle eût pu le croire simplement Fontoreza, fils d'un marchand napolitain. Un instant elle eut cette espérance, en l'écoutant parler de l'obscurité de son rang, et ses yeux s'empressèrent de l'examiner avec plus de soin, afin de se rattacher à cette dernière branche; mais l'air noble et fier, la tournure élégante du jeune homme, ses poses de corps, ses traits maintenus dans une sérénité d'ensemble qu'on rencontre peu souvent dans des classes où l'on se retient moins, ne tardèrent pas à la convaincre que Rinaldi continuait à jouer son rôle, et qu'il n'était pas ce qu'il disait être. Il fallut perdre cette fiche de consolation.

Alors la colère revint plus violente dans l'ame d'Astasie. La colère furieuse, aveugle, imprudente comme elle l'est toujours, lui suggéra une erreur, c'est que Rinaldi l'avait indignement jouée, qu'il était d'ailleurs horrible de préférer Apolline, vraie petite fille sans mérite réel, et pauvresse complète, à elle, Astasie, si belle, si accomplie et destinée à posséder de grands biens. Un tel outrage devait donc être souffert, mais ne point passer impuni. L'expérience de madame de Mareil aurait été nécessaire en cette circonstance à Astasie, pour arrêter la force de son courroux, pour le dominer, afin de mieux l'employer à la vengeance.

Astasie, qui avait moins d'usage, ne sentit que le mal qu'elle éprouvait; et, loin de le retenir habilement, dit avec une aigreur malignement amenée :

— En vérité, monsieur, on a en Italie des idées bizarres. Est-ce la mode en ce pays de charger de semblables commissions les jeunes personnes qui se respectent et qui ont le juste sentiment de leur dignité. Je vous conseille de chercher ailleurs une autre confidente. Je veux bien oublier l'affront que vous me faites ; mais attendre au-delà de moi serait une présomption que rien n'excuserait, et j'espère ne pas l'encourager par ma conduite à venir.

Elle acheva, et, sur-le-champ, pour interdire la possibilité d'une réplique, elle se leva et sortit du salon.

Rinaldi, confondu par ce changement subit dans les manières et les paroles d'Astasie, tomba dans une surprise complète et prolongée. Ce fut alors qu'éclairé par ce qui venait de se passer, il comprit une portion de la vérité pour lui : ce fut de s'avouer que mademoiselle Morase s'était imaginé que ses hommages lui revenaient. Rinaldi s'accusa de n'avoir pas plus tôt deviné cette méprise ; et maintenant qu'elle était faite, comment la réparer ? N'était-ce pas une ennemie qu'il fallait redouter ? ne travaillerait-elle pas contre lui ? ne chercherait-elle pas à lui nuire auprès d'Apolline ?

Au milieu du trouble où le jeta un tel accident, il s'applaudit toutefois de n'avoir pas dit la vérité entière, de s'être montré comme incertain encore des sentimens d'Apolline à son égard ; ce qu'il avait fait par excès de délicatesse devenait son meilleur moyen de défense. Cependant il fallait prévenir de tout ceci mademoiselle de Trencavel, et il se hâta de se rapprocher d'elle. Un tel motif de conversation présentait trop d'intérêt pour que celle-là ne s'y livrât avec ardeur. Apolline aimait déjà, et plus elle luttait contre son amour, plus il déployait d'énergie pour la vaincre : vainement se reprochait-elle ce penchant pour un homme dont son père réprouverait l'alliance ; vainement appelait-elle la fierté du sang à son secours.

L'orgueil, si féroce presque toujours, est d'une faiblesse excessive chaque fois que le cœur s'avise de le combattre : il abaisse les plus superbes ; il franchit les distances marquées par l'étiquette ; et en amour il n'existe que deux classes bien tranchées, celle des personnes aimées, et celles des personnes que l'on n'aime pas. Là existe l'égalité complète : les princes et les valets se coudoient dans la première ; les héros, les monarques sont impitoyablement repoussés dans la seconde, lorsque le cœur ne parle pas pour eux.

Apolline ne songea à la position de Fontoreza que lorsqu'il ne fut plus temps: elle lui avait voué déjà ses affections avant de se rappeler sa naissance; et dès que la pensée lui en vint, le moment était passé de le bannir d'une ame où déjà il régnait en souverain.

## CHAPITRE X.

L'habitude de l'intrigue devient une seconde nature; et qui a la tromperie en usage se fait une nécessité de tromper toujours.

*Recueil de Maximes.*

## La Ruse à la place du Droit.

Ni Rinaldi ni Apolline, trop occupés de la méprise du premier et des suites désagréables qu'elle pourrait avoir, ne songèrent à examiner l'effet que produisait sur plusieurs de ceux qui se trouvaient alors dans le salon l'attention que l'un et l'autre donnaient à leur conversation : trois personnes parmi les divers groupes attachaient sur eux des regards mécontens. Madame de Mareil d'abord : elle avait vu la retraite soudaine d'Astasie, et aperçu le dépit dont ses traits étaient couverts ; bien qu'elle seule en connût la cause, elle aurait voulu en être certaine, et attendait avec impatience que mademoiselle Morase rentrât. Ce désir était d'autant plus éveillé que, sans rien entendre de ce que disaient Apolline et Rinaldi, elle voyait, à l'action qui les animait, qu'un motif étranger fournissait la matière.

D'un autre côté, le chevalier de Lens, dont les regards s'attachaient avec persévérance sur mademoiselle de Trencavel, se montrait impatient de sa familiarité à l'égard d'un commis ou à peu près ; vif et peu retenu, il se plaignait presque à haute voix, et ne pouvant plus se contenir, et sans penser aux suites de l'indiscrétion qu'il allait commettre, il s'approcha de Léopold, alors retenu par Urbain, et, lui mettant la main sur l'épaule :

—J'ai un mot à vous dire, comte de Trencavel, avec la permission de monsieur....

Et, sans attendre la réponse du jeune homme, il l'entraîna plutôt qu'il ne le conduisit dans une autre partie du salon, et lorsqu'ils furent là :

— Monsieur, m'apprendrez-vous s'il vous convient définitivement d'empêcher votre sœur de faire un mauvais mariage ?

— Monsieur, dit Léopold étonné, mon projet n'est point tel; et puisque vous prenez à nous tant d'intérêt, vous plairait-il de m'en apprendre la cause ?

— Ne convient-il pas à gens de la même caste de se soutenir, surtout aux époques où on les opprime ? Voyez ce qui se passe; et votre sœur tellement attachée à ce que ce jeune marchand lui conte..... En vérité, ce sera là un digne beau-frère !....

Léopold rougit à ce sarcasme direct ; il vit Rinaldi près d'Apolline et presque penché sur son fauteuil ; il parlait avec chaleur, et à la manière dont il était écouté, on pouvait conclure que mademoiselle de Trencavel ne le voyait pas avec peine. Léopold en éprouva un chagrin vif ; et lui aussi, ne s'arrêtant pas à calculer ce qu'il y avait de mieux à faire, céda à l'impulsion subite de son cœur, quitta le chevalier de Lens, qui le vit partir avec inquiétude, et qui, devinant ce qu'il allait faire, se tourmenta en s'accusant de n'avoir pas assez ménagé la fierté de Léopold; il le suivit donc des yeux; et lui aussi alla du même côté avec le désir de réparer, par son intervention, la querelle qui devait s'entamer.

Léopold arriva à côté de Rinaldi, et alors: — Monsieur, lui dit-il, j'aurais demain à vous parler; vous plairait-il de m'indiquer une heure, et jusqu'à ce moment me laisser causer avec ma sœur, à qui j'ai à rappeler notre conversation dernière?

Le ton sévère de ce propos, l'apparence froide que Léopold imprimait en même temps à sa physionomie, troublèrent Apolline, et laissèrent deviner à Rinaldi ce que lui voulait M. de Trencavel; il se leva pour lui répondre, et, avec autant de calme que de douceur, lui dit:

— Ce sera à moi de me rendre à vos ordres.

— Non, monsieur ; c'est chez vous que je veux aller.

— Je me lève de bonne heure.

— Et moi aussi ; dès lors, sans être indiscret, je peux vous visiter avant votre première sortie.

— Tout comme il vous plaira : vous recevoir sera toujours pour moi un grand honneur et me fera un vrai plaisir.

Rinaldi, ces mots achevés, salua Léopold avec grâce, et Apolline avec autant de respect que d'amour, et sortit aussitôt.

Apolline n'avait pu entendre sans une sorte d'effroi ce colloque, dont le fond était si menaçant sous une enveloppe polie ; elle se sentit émue, et regardant son frère d'un air chagrin, lui dit :

— Léopold, ne sois pas injuste.

— Ma conduite sera dictée par l'amitié, sois-en certaine ; mais toi, songe à ce qui doit t'être toujours présent : à la nécessité de conserver, par ta retenue, le rang que la fortune cherche à nous enlever.

Le chevalier de Lens survint alors, et reprenant Léopold par le bras, l'emmena à quelque distance d'Apolline.

— Jeune impétueux, lui dit-il, est-ce un rendez-vous hostile que vous venez de proposer?

— Non, repartit Trencavel, ce n'est qu'une conférence demandée, une explication qui, j'espère, satisfera les deux partis.

— Je le voudrais; mais, franchement, j'en doute. Vous êtes jeunes tous les deux, violens, peut-être; et la vivacité italienne me fait craindre... M. Trencavel, permettez-moi de vous accompagner à cette entrevue.

— Vous, Monsieur?

— Oui. Mes soixante-quinze ans serviront de contre-poids à ce que vous pourriez dire l'un et l'autre.

— Mais je paraitrais avoir besoin de soutien.

— Et quand cela serait, devrait-on le trouver étrange? on prend un second lorsque l'on veut se battre, ne peut-on avoir un ami lorsqu'il ne s'agit que de causer ?

— Je n'ai annoncé que ma seule personne, et votre apparition...

— Allons, ne vous livrez pas à un mouvement d'amour-propre. De quoi s'agit-il, de parler comme frère à un homme dont l'assiduité auprès de votre sœur ne vous convient pas. Vous pouvez repousser la proposition qu'il vous fera peut-être d'épouser mademoiselle de Trencavel, sans que cela exige une réparation sanglante ; cependant, l'affaire se démêlera plus pacifiquement si un tiers, de mon âge surtout, s'entrepose entre vous deux. M. Rinaldi me voit ici chaque jour, il peut me prendre pour arbitre, et dans ce cas je m'applaudirais de mon intervention.

Léopold n'entendait pas avec plaisir le chevalier de Lens; il aurait souhaité être seul à parler à Fontoreza, mais le vieillard insista avec tant d'opiniâtreté qu'il obtint la promesse sollicitée. Il fut convenu entre eux que le lendemain, avant sept heures, ils se rendraient rue du Parc-Royal.

— Mais quel titre vous donnerai-je pour légitimer votre présence à cette entrevue? demanda Léopold.

— Celui d'ami des vôtres. J'ai trop vécu dans le monde pour ne pas y avoir rencontré vos ascendans, car je date de loin; vous pourriez, au besoin, dire même que j'ai l'honneur de vous appartenir. Il est peu de bonnes maisons, en France, qui de près ou de loin ne soient alliées.

Léopold repartit que ce lui serait beaucoup d'honneur. Les formes de la politesse ne lui manquèrent pas, et il se sentait attiré vers ce vieillard, qui lui marquait une affection si désintéressée.

Tandis que ce point important était traité entre ces personnages, madame de Mareil s'impatientait de ne pas voir rentrer Astasie. La prolongation de son absence l'intrigua, lorsque la soirée, d'ailleurs, était peu avancée; et ne pouvant attendre plus longtemps à s'informer de ce qui s'était passé, elle se leva et se dirigea vers la porte. La veuve Doussel, la voyant prendre ce chemin, accourut et lui demanda pourquoi elle s'en allait.

— Je vais rentrer, dit-elle, il faut que je donne, moi-même, un ordre à mes gens. Soyez assurée, mon excellente amie, que je ne veux aucunement me soustraire aux charmes de votre société.

La veuve, flattée de ce compliment, y répondit par un flot de paroles ridicules, et, pour se donner le loisir de les débiter, retenait madame de Mareil, qui, se décidant à la brusquer, l'arrêta au milieu de sa phrase, l'embrassa selon l'usage, et partit. Dès qu'elle fut dans l'anti-chambre, au lieu de se rendre à son appartement, elle se fit conduire, par un domestique, où elle espérait que serait Astasie. Celle-ci, en effet, avait couru se réfugier dans une petite salle qui lui servait de lieu de travail ainsi qu'à Apolline. Là, appuyée contre une table, et la tête cachée dans ses mains, elle déplorait le rêve sitôt détruit de son élévation prochaine. A peine si elle entendit entrer l'intrigante qui, la serrant dans ses bras :

— Je vous y prends, dit madame de Mareil, à vous concentrer en des pensées sans doute riantes ; vous êtes assurée de votre bonheur.

Astasie, à ces mots si opposés à la réalité, se tourna violemment, et montra sa figure, presque décomposée.

—Que s'est-il donc passé? poursuivit madame de Mareil, nous serions-nous trompés dans nos conjectures, et le duc de Minotaro...

—Est un monstre, un homme infâme, sans procédés, sans délicatesse, sans goût.

—Qu'a-t-il dit? qu'a-t-il fait?.. Ces grands seigneurs ont parfois des idées bizarres, et sont tellement convaincus de leur supériorité que le mariage, d'abord, leur répugne ; ils veulent du bonheur auparavant, et celui-là peut-être...

— Est un sot, répliqua Astasie, avec emportement, un indigne. Savez-vous à quoi il s'attache ; le devineriez-vous ?

—Je lis peu dans l'avenir, dit madame de Mareil, bien que déjà elle soupçonnât la vérité.

— A ma honte, à mon désespoir, apprenez que s'il aime ici quelqu'un, ce n'est pas moi, mais Apolline.

— Elle! fi donc! cette créature niaise, et qui de tant de points vous est inférieure.

— C'est pourtant la vérité, et il me l'a confié en me demandant de lui prêter mon assistance, car il craint que Léopold ne lui soit contraire : folle terreur. Quand celui-ci saura quel est véritablement Rinaldi, c'est un beau-frère qu'il se hâtera d'accepter à deux genoux..... Si le fait a lieu, je n'ai qu'à mourir ; oui, je ne supporterai jamais la honte de voir Apolline, si pauvre, obtenir un pareil époux.

— La chose, en effet, serait trop piquante, répondit madame de Mareil, et l'amitié que je vous porte en est déjà vivement tourmentée; je crois que la circonstance est venue de vous en fournir la preuve.

— Comptez sur moi, à la vie, à la mort, s'écria impétueusement Astasie, si vous parvenez à me sauver de ce malheur.

— La circonstance est difficile ; mais avec de l'adresse, de la prudence, et en s'entendant bien...

— Quoi qu'il faille faire, je ne vous désavouerai pas.

— Il s'agit de marier Apolline à un autre et auparavant de brouiller ensemble les amans, dans le cas où ils seraient d'accord.

— Si j'en crois le duc, il ignore l'opinion d'Apolline à son égard.

— Et moi, je doute qu'il soit dans cette incertitude.

Astasie alors raconta ce qui s'était passé. Elle fut écoutée avec attention, et ensuite madame de Mareil lui dit :

— Je vois que le duc est réservé, même dans son indiscrétion ; vous ne vous flattez pas qu'il soit à apprendre s'il est ou non aimé. Je viens tout à l'heure de le voir auprès de mademoiselle de Trencavel, et je suis trop experte à interpréter le langage des yeux pour admettre que le duc ignore l'état du cœur de votre cousine. Nous ne sommes pas à pouvoir empêcher un amour de naître, mais à combattre une passion développée; il ne nous reste qu'à brouiller ces deux amans.

— Oh! je vous en prie, chargez-vous de ce soin; sauvez-moi la honte de souffrir la gloire à laquelle parviendrait ma cousine. Je n'y survivrais pas.

— Allons, soyez moins tourmentée; nous réussirons, mais cela ne se peut par des voies ordinaires; c'est une intrigue majeure à nouer, vous y prendrez votre rôle; je méditerai le mien cette nuit, et demain nous en reparlerons plus à notre aise. Croyez-moi, rentrons au salon. Cachez sous de l'indifférence ce qui brise votre ame. Que je sois seule à connaître ce qui est. Gardez-vous de rien confier à votre père, à votre tante; moins est étendu le nombre des conjurés, et mieux réussit la conspiration tentée. Vous avez de l'esprit, de la philosophie, les préjugés ne vous commandent pas; et dès-lors je présume que, combattant de concert, nous remporterons la victoire.

Madame de Mareil, par d'autres flatteries, s'empara entièrement de la direction d'Astasie. La nouvelle intrigue dans laquelle elle se lançait lui plaisait, non-seulement par désir de vengeance, mais encore par besoin de caractère : il y a dans le monde de ces femmes qui ne peuvent vivre si l'existence est uniforme. Il faut, pour qu'elles puissent la supporter, des tracas, des agitations permanentes. C'est pour leur compte, pour celui de leurs amis, des indifférens même, qu'elles vont, viennent, se démènent, se tourmentent, soulèvent la terre et le ciel : rarement elles y gagnent ; jamais la considération n'est au bout de cette vie de mouvement, mais elles se sont satisfaites. On a toujours le grand tort de juger les autres d'après soi, et c'est se tromper que de vouloir soumettre leur manière de jouir aux règles du sens commun ou de ses propres idées.

C'est la route de l'erreur ; il est bien plus sage de croire les autres capables d'extravagance que de sagesse, et on arrive mieux à en profiter en les supposant fous que raisonnables.

Madame de Mareil était foncièrement intrigante, la coquetterie marchait en seconde ligne dans son esprit, ou plutôt n'était qu'un des moyens employés au développement de sa première passion. Sa retraite forcée, d'ailleurs, laissait un si grand vide dans ses journées, que, pour le remplir à sa fantaisie, elle embrassa avidement la ressource qui se présentait; ce serait une distraction fort amusante, et sans avoir besoin de se déplacer. En conséquence, elle fit du désappointement d'Astasie sa propre affaire, et se lança, sans réflexion, dans une route dont le terme ne lui était pas connu.

Ses consolations, brillantées par l'espérance d'un meilleur avenir, refoulèrent momentanément le dépit d'Astasie, que, dans son extravagance, celle-ci s'avisait de prendre pour de l'amour; et toutes les deux rentrèrent à peu de distance dans le salon.

Le marquis de Saint-Estève les y avait précédées, sa vue frappa madame de Mareil d'une illumination subite, et pendant que lui la saluait :

— Vous arrivez à propos, dit-elle, j'ai à vous offrir un rôle digne de vous; mais on ne peut traiter ici d'affaires importantes; suivez-moi lorsque je me retirerai, nous causerons alors à loisir.

Saint-Estève répondit affirmativement, et quand en effet madame de Mareil prit congé de la compagnie, lui, sans affectation, s'éclipsa peu après. Il la trouva presque à moitié déshabillée, et comme il fut reçu avec un sourire bienveillant :

— Sais-tu, Eugénie, dit-il, que tu te conserves dans un rare état de beauté ?

— A vingt-cinq ans; le grand miracle!

— Oui, c'est le mot; car enfin, combien de siècles as-tu vécu... comptons ; et d'ailleurs, tu as commencé presqu'en bas âge.

— Laissons le passé; je ne peux me figurer que tu te plaises à te le rappeler; il s'agit du présent.

—Eh bien! quel bon coup as-tu à me faire entreprendre? Je me rouille à jouer l'honnête homme; c'est un genre qui ne me va pas, je m'aperçois que la pente est irrésistible qui nous ramène à notre vie favorite, et je chante, en manière de maxime absolue, le refrain de la vieille chanson :

> Et l'on revient toujours
> A ses premiers amours!

— Prends-y garde, Roger, ce retour ne t'a pas jusqu'ici porté bonheur, et quand je songe d'où tu viens...

— Et où tu devrais être...

— Moi... Oh! par exemple, c'est trop fort!

— Tout entre nous n'est-il pas commun ? Mais ne revenons pas sur une idée importune; tu me fesais l'honneur de me dire...

— Que je voudrais savoir comment tu prendrais la proposition d'épouser, en nœuds légitimes, une fille de haute naissance, que tu trouves belle (les hommes sont sur ce point si faciles à contenter), et qui possède une dot de trente-six mille francs.

— Trente-six mille gouttes d'eau, repartit en riant Saint-Estève, ce serait un mariage d'affamé.

— Un de plus, voilà tout.

— Il est vrai que, dans le nombre, celui-ci ne ferait que prendre son rang, et à part celui qui nous lie...

— Ne nous en ressouvenons plus.

— Pourvu que la justice ait comme nous mauvaise mémoire... Mais pourquoi tiens-tu à me marier si mesquinement?

La réponse de madame de Mareil fut longue dans les développemens, alors Saint-Estève connut à fond la rouerie à laquelle Eugénie l'associait, et il n'y vit qu'une pauvre somme à toucher. Il ne lui en fallait pas davantage, et il donna son acquiescement au complot dont il recueillerait le fruit. Il s'agissait de se montrer vivement épris d'Apolline, et de se conduire de façon à la brouiller avec Rinaldi.

— Tout cela, dit-il, est bien; mais je souhaiterais que ce seigneur italien ne fût pas intéressé à combattre cette intrigue.

— Je suppose, dit Eugénie, que tu redoutes peu son crédit politique, car il est, ce me semble, gentilhomme de ta création.

— Oui... oui, repartit Roger, en souriant, vous dites que c'est le fils d'un marchand de Naples; lui-même se donne cette humble origine. Je le prétends duc de Minotaro; c'est donc moi qui me trompe, à moins que le diable ne s'en mêle ; et par le fait, il est bien puissant, quoi qu'il en soit. Ce Fontoreza ou Minotaro est un homme d'honneur, et avoir des contestations avec ceux-là ne me tracasse guère ; ce sont des imbéciles, avec leur bravoure chevaleresque : un fripon lâche est bien autrement dangereux. Au reste, dans la carrière où je suis entré, il faut savoir tourner les écueils, et souffrir sans murmurer lorsqu'on se brise dessus.

Madame de Mareil, charmée des dispositions de son complice, acheva de l'instruire de tout le plan à exécuter. Il fallait se présenter à la fois, auprès des Morase comme immensément riche, et auprès d'Apolline, comme passionnément amoureux; tâcher de la compromettre, soit à tort ou à raison, de manière à la séparer de Rinaldi ; enfin, pousser l'intrigue tout aussi loin qu'elle pourrait aller. Roger accepta avec joie. Le rôle pareillement lui plaisait, et d'ailleurs, il espérait mieux d'une intimité complète avec les Morase.

Il était tard lorsqu'il quitta madame de Mareil. Dès qu'il fut sorti, elle demeura pensive pendant quelque temps, puis, sortant de sa rêverie, elle se dit à elle-même :

— En vérité, je jette en moule un roman parfait ; oui, avec de l'art et un peu d'imagination, je ferai de ceci une œuvre remarquable : il me suffira d'écrire chaque soir ce qui aura eu lieu dans la journée, des incidens, des conversations… La nature ne pourra être mieux prise sur le fait. Allons, il faut, avant de me coucher, commencer le premier volume.

Et courant à son secrétaire, elle esquissa rapidement un chapitre, et il était assez avancé lorsqu'elle songea à se mettre au lit.

## CHAPITRE XI.

> ..... *Vitavi denique culpam*
> *Non laudem merui.*
>
> Horace, *Art poétique.*
>
> Parce qu'un homme a évité de commettre une faute, lui doit-on pour cela des éloges?

# Un Duel proposé et non accepté.

Rinaldi ne paraissait chez les Morase qu'en élève modeste de commerce, tandis que dans son logement de la rue du Parc-Royal il se montrait sous des dehors un peu plus imposans. Un valet, Italien comme lui, composait sa maison. C'était un véritable enfant de Naples, lazzaroni de sang sinon d'existence; spirituel, ardent et paresseux, capable d'un acte de courage si la nécessité l'y contraignait, et jusque-là poltron outre nature. Pepe Volti, ainsi on l'appelait, portait à son maître un attachement qui dégénérait en une sorte d'idolâtrie. Il le voyait le meilleur, le premier des hommes, et s'attristait de la fantaisie dont Rinaldi était tourmenté. Mais discret comme une tombe, fidèle comme la vertu, il se taisait, et osait à peine s'avouer à lui-même ce qu'il savait si bien.

Pepe Volti avait un autre sujet de chagrin; celui-ci tenait à son existence. Au milieu de cette atmosphère brumeuse qui pèse sur Paris, le froid, l'humidité, l'absence du soleil, presque toujours caché par des nuages épais, ce ciel gris-bleu, jamais complétement serein, la froideur permanente même des nuits d'été jetaient dans l'âme de Pepe une mélancolie que sa vivacité naturelle avait de la peine à chasser. Il sortait peu, et chaque fois qu'il descendait dans la rue, c'était pour cracher avec dédain sur la boue perpétuelle dont elle était salie. Alors il rêvait à cette grève de Naples, si nette, si lumineuse, à cette mer azurée dont les flots mouillent le rivage et ne le souillent pas, à ces jours si radieux, à ces nuits où sous un dais de velours noir resplendissent des milliers d'astres, ornemens admirables du trône de l'Éternel; il voyait ces festons de fleurs et de feuillages, ces pampres chargés de grappes dorées, suspendus à des arbres toujours verts ou à des colonnes de marbre. Ces ruines antiques, ces palais modernes, ces montagnes riantes, couvertes de forêts, parmi lesquelles tombaient en cascades des torrens qui étincelaient en diamans mobiles, en rubis flamboyans; ces rochers à pic chaudement colorés, déchirés par la foudre, tourmentés par les convulsions de la terre, et ce Vésuve, brûlant depuis tant de siècles, objet d'admiration et de terreur.

Oh! que Paris et sa campagne stérile et froide dédommageaient peu le lazzaroni de tout ce qu'il avait abandonné dans le pays natal! Qu'il lui tardait d'y revenir, de reprendre son costume élégant et pittoresque, de s'enivrer de chaleur, de lumière, de beaux aspects ! Il regrettait jusqu'à la solfatare, à sa vapeur nauséabonde, jusqu'aux coups de stylet qu'il pouvait recevoir ou donner ; et les chœurs nocturnes des jeunes filles chantant la Madone, et l'amour et les jeux des contadini, et les courses des chevaux dans la rue de Tolède, le marché aux fruits, la liquéfaction du sang de saint Janvier. Tout à Paris est triste et terrestre, tout à Naples est animé et miraculeux.

Cet enfant du Midi avait le cœur trop plein des souvenirs de la patrie pour qu'il pût bien s'attacher à une Française. Son cœur pourtant était sensible quoiqu'il n'aperçût que de la coquetterie où, dès l'abord, il aurait souhaité de la passion. Enfin il aimait pour se distraire; mais plutôt que de se séparer de son maître, il aurait fait le plus grand de tous les sacrifices, celui de vivre à Paris. Il se serait privé du bonheur d'aller mourir dans Parthénope, où la terre du cercueil doit être plus chaude et plus légère que celle de nos climats, presque hyperboréens.

Ce jour où Rinaldi attendait sans inquiétude la visite, annoncée avec solennité, de

Léopold de Trencavel, Pepe Volti s'était levé dès l'aurore, dans l'espoir de surprendre le soleil avant que les brumes épaisses l'enveloppassent ; mais son espoir avait été déçu. Aux ténèbres de minuit succédaient celles un peu moins sombres de ce qu'on est convenu d'appeler un jour d'hiver à Paris. Pepe, désappointé, se plaignait vivement à son maître de tant de malheurs, lorsque l'on sonna à la porte de l'appartement. Il courut ouvrir, et revint annoncer deux signors. Il ne connaissait ni Léopold, ni le chevalier de Lens, n'ayant jamais été de jour chez les Morase. Rinaldi cachait avec soin, dans cette maison, qu'il eût chez lui un domestique. Madame de Mareil était la seule à le savoir.

Rinaldi n'attendait que le frère d'Apolline. Le compagnon qu'il s'était donné paraissait déjà être une menace. Etait-ce un second, ce fut la question que le jeune Italien s'adressa, puis il se dit :

—Il peut avoir l'envie de se battre avec moi, mais ce ne sera qu'à mon corps défendant que je consentirai à sa fantaisie.

Ceci eut lieu rapidement, puis il dit à Pepe d'introduire les deux étrangers. La vue du chevalier de Lens le rassura; il vit en lui moins un agent de provocation duelliste qu'un arbitre utile dans le démêlé qui se préparait. En conséquence, loin de témoigner son étonnement de ce que Léopold ne venait pas seul, il se contenta de saluer en silence, et d'attendre ce qu'on lui dirait. Léopold ne tarda pas à s'énoncer.

« Monsieur, dit-il, hier au soir monsieur le chevalier de Lens, ayant entendu la demande que je vous faisais de me recevoir ce matin ici, a désiré venir avec moi; j'y ai consenti avec d'autant plus de plaisir que son intervention est toute amicale et qu'il vous est également connu.

—Monsieur le chevalier, répondit Rinaldi, est de ceux qui sont toujours bien accueillis, parce qu'ils se recommandent eux-mêmes; j'avoue qu'en cette circonstance je ne l'attendais pas, mais sa présence me fait plaisir.

Le chevalier, piqué de la tournure gracieuse de cette réponse, qu'il trouvait de bien bonne compagnie, lorsque par malice il aurait souhaité retrouver dans la bouche du jeune homme l'impolitesse de l'époque actuelle, se contenta de remercier par un double mouvement de tête et de main. Rinaldi s'arrêta un instant, et ni Léopold, ni son compagnon ne prenant la parole, il dit alors :

—Monsieur de Trencavel est-il disposé à m'apprendre dans quel but il a bien voulu exiger cette entrevue?

—Il m'est pénible de m'expliquer franchement sur ce point, répliqua Léopold; des circonstances particulières nous ont mis en présence. Vous fréquentez la maison d'un parent de ma mère, et sur ce terrain neutre où nous nous rencontrons, pourquoi ne pouvoir vivre ensemble avec l'agrément que pourrait me procurer votre société?

—Et moi, répondit Rinaldi avec véhémence, je déplore que mes soins à m'acquérir votre amitié restent infructueux. Je suis si disposé à vous aimer, monsieur de Trencavel, que votre antipathie brise mon ame. Qui me la mérite? je voudrais le savoir.

—Je rends grâce, répliqua Léopold, visiblement embarrassé par cette effusion intempestive, à l'obligeance d'un tel sentiment, j'y répondrai comme je le dois, mais après que nous aurons réglé ensemble le point que je viens traiter avec vous; le voici : Chacun, monsieur, a sa manière de penser, sa façon de vivre, ses idées, et j'ajouterai ses défauts. Nous sommes sous l'empire de nos opinions, de nos préjugés; les miens sont que pour rendre la vie agréable, il faut la passer avec ceux de sa caste. Une circonstance particulière s'oppose maintenant à ce que je puisse, pour ce qui me concerne, joindre l'exemple au précepte, et voilà pourquoi je suis dans la maison où nous nous sommes connus.

—Votre intention est donc de la quitter bientôt, dit Rinaldi du ton d'une curiosité ordinaire.

—Dès la majorité de ma sœur: non que je veuille alors renoncer à voir nos parens; nous nous tiendrons à l'écart du reste de leur société, qui ne peut être la nôtre.

—Il paraît, dit Rinaldi, toujours avec la

même simplicité, que vous avez peu de goût pour le commerce.

—J'avoue que mes idées m'en éloignent, et qu'à ce seul titre je ne peux voir avec plaisir vos assiduités auprès de ma sœur. Ma sœur est pauvre, et ne peut être votre femme. Je vous prie donc, monsieur, de l'honorer moins de votre attention. C'est pour vous parler ainsi que j'ai voulu vous voir chez vous. Ce n'est pas une injure que je vous adresse. Votre personne, votre caractère ne la méritent pas. C'est votre profession qui forme la barrière que je ne saurais franchir.

—Vous m'étonnez, monsieur, repartit le jeune Italien, qui se posséda si bien qu'aucun signe de mécontentement ne parut sur son visage, à l'heure où certes on lui tenait un propos désobligeant : ne sommes-nous pas à une époque de fusion où les rangs sont confondus et où règne en tout l'égalité sacrée ?

—Je n'en crois rien, répondit Léopold, et avec un peu de réflexion vous reconnaîtrez votre erreur. Jamais, au contraire, l'orgueil ne s'est montré avec plus de naïveté.

Ce n'a pas été pour égaliser les rangs que la dernière révolution a été faite, mais bien pour élever à la place de la noblesse la classe intermédiaire. Celle-ci pèse sur le peuple avec une nouvelle dureté. Depuis qu'elle a le pouvoir, une autre ligne de démarcation plus vive, plus tranchée, est établie, et la féodalité de la boutique a remplacé celle du château.

Rinaldi se mit à rire, comme s'il acquiesçait à la proposition avancée par Trencavel. Alors le chevalier de Lens, qui jusque-là avait gardé un silence profond, prenant à son tour la parole, et s'adressant à Fontoreza :

—Signor, dit-il, la famille de Trencavel a des raisons particulières qui ne lui permettent pas de vous confier le bonheur de mademoiselle Apolline. On s'en explique franchement avec vous, parce que vous êtes digne de son estime. Les Trencavel ont un mari pour cette jeune personne, et ne la donneront qu'à lui.

—Monsieur, répliqua Rinaldi, sans se déconcerter et sans manifester aucune émotion, vous mettez en avant plusieurs personnages sans doute très-respectables, en vous servant du pluriel à propos des Trencavel; mais je me permettrai de vous faire observer qu'un seul peut être mis en jeu, et celui-là est ici. Quant aux autres, où sont-ils; les a-t-on consultés? Je n'en connais qu'un, et son opinion est, il faut vous le dire, diamétralement contraire à celle que vous énoncez.

Ce fut une surprise bien marquée que cette phrase maligne inspira à Léopold et au chevalier de Lens. Tous les deux s'entre-regardèrent. Le premier, surtout, ne pouvant comprendre comment Rinaldi connaissait si parfaitement ses proches. L'idée ne lui venait pas qu'un napolitain pouvait être instruit des rapports de sang des princes actuels d'Amalfi. Quant au chevalier, un peu mieux instruit, en vertu de la conversation que naguère il avait eue avec Fontoreza, il dissimula mal son dépit, et ripostant:

—Monsieur de Trencavel, je ne sais pourquoi le signor Rinaldi a voulu vous laisser ignorer ses rapports intimes avec votre cousin, le prince d'Amalfi. Il est son frère de lait, et, d'après ce qu'il m'a conté, Lucio le traite comme un second lui-même.

—Est-ce possible! s'écria Léopold, et comment se fait-il, signor, que vous m'ayez caché ce qui m'aurait été si agréable à connaître.

—Par *san Genaro !* répondit Rinaldi, c'est ainsi que vous l'avez dit naguère, parce que chacun de nous a sa fantaisie ou son caprice, et à l'appui de ce qu'il m'a plu de raconter à monsieur le chevalier de Lens, voici une pièce authentique, que je crois bonne et appuyée de preuves secondaires qui ne permettent pas de la contester.

Rinaldi alla à son secrétaire, l'ouvrit, en tira un portefeuille, d'où il sortit une pièce enfermée dans une enveloppe; il la présenta à Léopold, en le priant d'en faire la lecture à haute voix. C'était une déclaration du prince Lucio d'Amalfi Trencavel, qui recommandait à tous ses parens de France le signor Rinaldi Fontoreza, marchand, comme le meilleur, le plus intime de ses amis; que tout ce qu'on ferait pour celui-là,

lui en prendrait la reconnaissance à son
compte. En un mot, jamais acte plus avantageux n'avait pu être dressé, et au bas de
la signature et du cachet il y avait une attestation d'identité de cette écriture avec
celle du prince d'Amalfi, délivrée à Naples
par le ministre des affaires étrangères, et ce
certificat était en outre corroboré par le
visa, à Paris, de l'ambassadeur de Sa Majesté Sicilienne, et tout était en la meilleure
forme possible et à l'abri de la contestation
la plus méticuleuse.

Léopold y attacha ses regards, plutôt pour
faire une sorte de connaissance avec son
cousin-germain, en apprenant à connaître
son écriture ; mais plus que lui encore, le
chevalier de Lens l'examina avec une insistance presque malhonnête si elle n'eût porté
le plein aspect de la curiosité. Il n'y trouva
rien à mordre, tout y était en règle et à
l'abri de contestation. Rinaldi le laissa faire,
et lorsque le chevalier de Lens, en rendant
la pièce, sembla avouer qu'il la croyait inattaquable, Rinaldi se permit de lui dire avec
gaieté :

— Du moins parmi les membres de la famille de Trencavel qui ont disposé déjà de la main de mademoiselle Apolline devra-t-on distraire le prince d'Amalfi.

Le fait était si positif, que le chevalier de Lens en fut complétement désappointé; il perdit d'autant mieux son assurance qu'il soupçonna Rinaldi d'être instruit plus à fond de tout ce qui concernait cette famille ancienne et avec laquelle, par suite, un débat serait fâcheux. Léopold, de son côté, depuis que l'Italien n'était plus pour lui, en quelque sorte, un inconnu, aurait souhaité que cette affaire, qui les divisait, eût été conduite autrement; mais la route était commencée, il fallait la suivre; aussi, s'exprimant à son tour :

— Puisqu'il vous a plu, signor, de ne pas m'apprendre dès votre arrivée quels nœuds vous liaient à mon plus proche parent, ne vous en prenez qu'à cette négligence; si mon amitié ne vous a pas dès lors été acquise, vous y aviez des droits en quelque sorte, bien que le prince d'Amalfi se tienne, à mon égard et à celui de ma sœur, dans une indifférence qui nous est pénible.

— Oh! pour cela, il a tort, il est coupable; je ne le défendrai pas.

— Mais, poursuivit Léopold, maintenant il me semble que ma tâche envers vous devient plus facile. Est-ce la coutume à Naples que la haute noblesse s'allie au commerce?

— Oui, lorsqu'elle y trouve son avantage.

— C'est tout comme en France, j'en conviens, dit Léopold; il y a néanmoins des exceptions, et je suis du petit nombre de ceux qui désapprouvent les mésalliances; je ne vous accorderai jamais ma sœur. Cessez donc de prétendre à elle; je ne vous le commande pas, faites-y bien attention, je vous en prie, je le sollicite de votre délicatesse.

— Je suppose, dit à son tour le chevalier de Lens, que la susceptibilité du gentilhomme le plus pointilleux de toute l'Europe se contenterait de la manière dont ce refus est tourné; il est trop glorieux pour vous, signor Fontoreza, et je doute qu'il puisse vous déplaire.

— Monsieur, repartit Rinaldi en riant, je sais, quoique Napolitain de naissance, mon Molière par cœur, et je citerai avec à propos le vers connu de ce grand maître :

> Le seigneur Jupiter sait dorer la pilule.

Monsieur de Trencavel est bien poli, mais il me repousse, il ne me veut pas pour beau-frère dans le cas où je conviendrais à sa sœur; il me le dit avec une sincérité chevaleresque, quoique enveloppée de formes gracieuses, que vous voulez bien renforcer de paroles non moins polies; mais, par malheur, je suis entier dans ma volonté, et, jusqu'au moment où mademoiselle Apolline se sera choisie un époux, je suis déterminé à lui donner mes soins; je renoncerais plutôt à la vie qu'au bonheur espéré de la partager avec elle.

— Signor, dit Léopold avec fierté, j'ignore les usages de Naples, mais en France une persistance pareille conduit nécessairement sur le pré.

—Vous êtes impétueux, comte de Trencavel, dit le chevalier de Lens avec chagrin.

—Rassurez-vous, répliqua Rinaldi en s'adressant à ce dernier interlocuteur, nous ne sommes pas encore en présence, M. Léopold et moi; il en a le désir, et je ne m'en soucie guère. L'usage de Naples, qu'il invoque, ne permet pas d'ailleurs à un roturier de se battre contre un gentilhomme.

—Et comment agit-on lorsque les circonstances sont telles qu'un duel est nécessaire? demanda Léopold.

—Oh! cela tourmente peu, on donne à un lazzaroni quelques sequins, et il couche proprement l'homme sur le carreau.

—Un assassinat! s'écrièrent à la fois le chevalier et Léopold.

—Un usage, que le marchand offensé suit aussi bien que le noble. La coutume de France est plus honorable; cependant je ne m'y conformerai pas.

—Signor, dit Léopold, un homme qui refuse un appel perd toute considération.

— Oui, lorsque son refus provient de sa lâcheté; mais non, quand il s'immole à un digne sentiment. Moi, croiser le fer contre un Trencavel! jamais. Quel est mon crime d'ailleurs? l'amour est-il chez moi une séduction? Non, sans doute. Si j'aime, c'est par l'effet des qualités de mademoiselle Apolline; peut-on vouloir que je sois devant elle sans yeux et sans cœur; qu'on la détourne de me rendre la pareille, à la bonne heure, mais exiger plus, c'est de la tyrannie. Au reste, monsieur le chevalier, puisque vous avez souhaité venir ici en juge de camp, écoutez bien ma résolution dernière : je ne renoncerai pas à l'espoir d'obtenir mademoiselle de Trencavel, je ne me battrai jamais contre son frère, mais veuillez me désigner, à part lui, un des trois individus qu'il vous plaira de choisir, et j'irai, en insensé véritable, leur proposer de se couper la gorge avec moi; par là je me flatte que ma bravoure ne périclitera pas dans votre esprit, et que l'un et l'autre m'accorderez votre estime.

— Voilà, dit le chevalier de Lens confondu, une résolution étrange.

— Elle vous prouve que l'ami intime de Lucio d'Amalfi ne peut devenir l'antagoniste d'un Trencavel, ce combat me serait un fratricide.

— Ainsi, monsieur, s'écria Léopold avec impatience, vous aimerez ma sœur malgré moi !

— Oh ! pour cela, oui ; et à mon grand regret; mais vous êtes libre de l'empêcher de me rendre le réciproque.

— Cette obstination...
— Vous contrarie, j'en suis fâché.

— Le prince d'Amalfi trouverait audacieux, sans doute, dit le chevalier de Lens, qu'un simple marchand élevât ses prétentions jusqu'à sa cousine germaine.

— A votre place, monsieur, repartit Rinaldi, je voudrais là-dessus avoir le cœur net. Naples n'est pas au bout du monde, écrivez à Lucio, j'en passerai par ce qu'il mandera.

Le défi était porté avec trop d'assurance pour que le chevalier osât l'accepter ; il voyait entre le prince et le commis une de ces amitiés extrêmes qu'il déplorait sérieusement. Léopold, non plus, n'était pas tranquille, sa haute raison lui interdisait un outrage soudain, et la manière avec laquelle Rinaldi prenait la chose le désespérait, puisqu'elle repoussait tout accommodement, aussi ce fut avec un dépit mêlé de chagrin qu'il dit :

— Ainsi, le signor Rinaldi ne veut pas se faire noble en se battant avec moi ?

— Non, certes, monsieur, et un anoblissement à ce prix me serait odieux.

— Il ne lui convient point non plus de renoncer à ses prétentions.

— Le mot n'est pas exact, souffrez que je le relève; des prétentions, je n'en ai d'aucune sorte, mais de l'amour, beaucoup; et celui-là m'appartient, je présume.

— Vous êtes, signor Rinaldi, un homme très-extraordinaire, dit le chevalier de Lens, qui, dans ses préjugés, ne pouvait s'empêcher de rendre justice à ce jeune homme.

—Oui, j'en conviens, et ajoutez : qui vous

est mal connu. Un jour, peut-être, me traiterez-vous mieux; en attendant, soyez témoin de ce qui me reste à dire à M. de Trencavel. Alors Rinaldi, se tournant vers Léopold :
— Ne m'en voulez pas, dit-il, si je persiste dans mon attachement pour mademoiselle Apolline; il ne dépend plus de moi de l'éteindre, c'est le Vésuve qui brûle toujours. Mais soyez certain que nul acte coupable, nulle démarche répréhensible ne viendra de ma part; mon respect est encore supérieur à ma tendresse, et je n'entraînerai jamais la femme de mon choix en une démarche dont son honneur aurait à souffrir. Enfin, quoi qu'il arrive, je n'entends la recevoir que de votre consentement et de votre main.

— Dans ce cas, repartit le chevalier de Lens, qui, malgré son dépit contre l'Italien, ne voulait pas compromettre Trencavel et le pousser à un combat singulier auquel il n'était trop enclin; dans ce cas, il me semble que monsieur n'est plus en droit de vous quereller.

— Il aurait d'autant moins de raison de le faire, que nul, plus que moi, ne tient à la gloire de sa maison; elle m'est propre, à tel point mon attachement à Lucio est extrême... si d'ailleurs j'en suis...

Fontoreza allait dire sans doute quelque chose dont il se serait repenti ; car il s'arrêta subitement et se mit à rougir Les deux interlocuteurs attendirent qu'il continuât; mais il se tut et son silence n'eut pas de terme.

# CHAPITRE XII.

*In amore semper mendax iracundia est.*
En amour la colère est toujours menteuse.
Syrus.

# L'Éclat Maladroit.

Notre caractère détermine uniquement notre position sociale, il nous fait ce que nous devons être ; ce ne sont pas les autres qui nous classent, mais bien nous-mêmes. Les égards, l'estime, le mépris du monde envers nous, tout cela est notre ouvrage ; on ne nous traitera jamais que comme nous voulons être traités : c'est une règle invariable, aussi ne faut-il s'en prendre qu'à soi de l'état que nous tenons. Il est des hommes dont on ne souffre rien, d'autres dont on excuse tout ; les premiers n'ont pas cherché à se rendre respectables ; les seconds ne supporteraient aucun dédain.

Jamais cette vérité ne fut mieux établie que dans la circonstance présente. Léopold de Trencavel et même le vieux chevalier de Lens étaient venus chez le jeune Fontoreza avec la détermination positive d'obtenir de lui qu'il renoncerait à plaire à la sœur de l'un, et, néanmoins, ils partirent sans s'être mis trop en frais d'exigence pour l'obtenir. Le fermeté froide et réfléchie de Rinaldi, son mélange de franchise et de vigueur, la netteté de ses explications, la prudence de ses réserves, la modestie avec laquelle il déguisait ses avantages lorsqu'il aurait pu se parer du consentement d'Apolline, tout, enfin, rendit impossible une querelle aigre, un duel qu'il refusait sans aucune lâcheté.

Il arrive souvent que les occasions que

nous croyons définitives, que des démarches par lesquelles nous pensons tout décider ne changent rien à l'état des choses et sont tentées sans résultat ; ce fut ici un de ces cas. Léopold et son aide durent se retirer sans avoir rien obtenu, sans que la situation fût aucunement changée, et, néanmoins, ils partirent, non pas plus irrités qu'avant d'être venus, mais un peu plus confus peut-être de se voir forcés de prendre patience, lorsque le *statu quo* était maintenu.

— Parbleu ! dit le chevalier de Lens, c'est là un personnage bizarre ; tant qu'il a parlé j'ai cru voir et entendre parler un homme du plus haut rang ; son aplomb, son calme imperturbable, la délicatesse de sa résistance, c'est un marchand fort dangereux ; je connais bon nombre de nobles qui ne se démêleraient pas avec autant d'habileté d'une position aussi difficile.

— Que me reste-t-il à faire maintenant ? demanda Léopold dont le sens droit comprenait son inexpérience.

— Mais, vous entendre avec votre sœur, car il ne faut espérer aucun secours des Morases; les industriels de France prêteront secours au commis napolitain.

— Et si Apolline, répliqua Léopold avec une teinte de confusion, passe à l'ennemi... et, s'il faut vous l'avouer, tout m'annonce que le malheur est déjà arrivé.

— Dans ce cas... voilà bien les femmes; leur vanité n'a jamais tenu contre le caprice. Est-il donc vrai que mademoiselle de Trencavel aura placé si bas ses inclinations? Je ne connais, dans ce cas, de moyen de les combattre qu'en lui présentant un mari homme de qualité, riche, agréable...

— Oui, un phénix; où le trouver? La noblesse, aujourd'hui, sait calculer aussi bien que la roture, et, jusqu'à ce moment, aucun des siens ne s'est présenté pour ma sœur.

— Il la faudrait riche, je le vois, dit le chevalier en réfléchissant.

— Et comme elle ne l'est pas.
— Elle peut le devenir.

— Sans doute, Dieu a le pouvoir des miracles.

—Eh bien! monsieur de Trencavel, dit le chevalier de Lens avec une flegme original, je suis convaincu que plutôt que de permettre le mariage d'une fille d'aussi grande naissance avec un négociant, Dieu manifestera sa grandeur.

— Il vous est permis de le croire comme à moi de n'oser l'espérer, répliqua Léopold presque de mauvaise humeur; en attendant, je ne peux retirer Apolline de chez son oncle, et le Napolitain y viendra chaque jour.

Le chevalier de Lens ne répondit pas; il parut se livrer à des réflexions dont Léopold n'essaya pas de le faire sortir: ils rentrèrent chez eux, et chacun, après s'être salué en silence, prit la route de son appartement.

Apolline, lorsque ce même matin elle se leva, quittait son lit sans y avoir trouvé le sommeil; tourmentée du rendez-vous donné la veille par Léopold à Rinaldi; en craignant les suites, elle avait passé la nuit dans l'épouvante et dans les pleurs. La venue du jour ne lui rendit aucune tranquillité, puisqu'elle la rapprochait plus encore du moment fatal où son amant et son frère se trouveraient en présence. Elle se mit de nouveau à implorer le ciel, et se hâta de se vêtir afin d'être prête si quelque catastrophe sinistre avait lieu. Les fenêtres de la chambre donnaient sur la cour, elle se plaça derrière un rideau de mousseline, et, de ce poste, examina ce qui se passait ; elle n'avait pu voir sortir son frère, mais elle l'aperçut rentrant avec le chevalier de Lens.

Leur physionomie, qu'elle interrogea, ne lui apprit rien d'alarmant ; elle était calme, sinon satisfaite. Bientôt après Rinaldi en personne entra dans la cour et se dirigea vers les magasins du rez-de-chaussée, auxquels, selon la règle de la maison Morase, il devait sa première visite. De douces larmes coulèrent des yeux d'Apolline, lorsqu'elle eut acquis la certitude que les deux êtres qui lui étaient le plus chers n'avaient pu sans doute combattre l'un contre l'autre : peut-être l'explication qu'ils avaient eue ensemble terminait-elle leur différend. Apolline rêva... mais, reconnaissant bientôt combien était vaine la chimère qu'elle se forgeait, elle l'écarta en soupirant, et se disposa à se rendre chez Astasie, où elle allait d'abord chaque matin.

Apolline était accoutumée, non à des caresses bien vives de la part de sa cousine, mais du moins à un accueil indifférent. Ce ne fut pas ainsi cette fois que mademoiselle Morase la reçut; elle mit dans sa réponse au compliment affectueux d'Apolline une ironie amère, une teinte âcre facile à reconnaître; c'était de la colère contenue par force, et qui débordait. Cependant Apolline s'interrogea mentalement pour savoir par où elle la mériterait, et son innocence lui parut à un tel point prononcée, qu'elle attribua ces façons inciviles à certains caprices d'enfant gâté auxquels Astasie était trop sujette.

Celle-ci ne revint pas de son premier mouvement; elle persista dans sa bouderie désobligeante, et s'y maintint pendant tout le reste du jour. Evitant de s'approcher d'Apolline et ne lui parlant, lorsqu'elle y était contrainte, qu'avec un ton de malignité peu convenable, et qu'en apparence rien ne motivait.

Madame Doussel ne fit pas attention à cette conduite peu séante de sa nièce ; mais elle exalta jusques aux nues le signor Rinaldi, dont l'éloge à chaque instant revenait dans sa bouche, sans cause comme sans nécessité : elle tarda peu à s'étonner qu'il ne fût pas venu déjà dans l'appartement, et envoya sa femme de chambre savoir de ses nouvelles.

Astasie paraissait entendre avec un redoublement de mauvaise humeur ce que disait sa tante ; à plusieurs reprises elle fut sur le point de prendre la parole comme pour contredire ce qu'on débitait, mais la réflexion la retenant, elle se contint, et s'opiniâtra dans un silence prolongé. La messagère revint, le signor Rinaldi la suivit de près ; il adressa ses remerciemens à la veuve, s'approcha ensuite d'Astasie, et par des propos gracieux essaya de la dérider ; mais elle, au lieu de lui répondre, détourna la tête et ne parla pas.

Madame Doussel, que ce manége frappa, ne put s'empêcher de s'écrier :

— Comment, Astasie, est-ce ainsi que tu agis envers monsieur ? qu'as-tu donc ce matin? tu sembles tout *ahurie :* sur quelle herbe as-tu donc marché? Soyez certain, monsieur Rinaldi, que si ma nièce est fâchée, ce n'est pas certes contre vous, dont elle apprécie le mérite, les vertus....

— Parlez pour vous, pour vous seule uniquement, ma tante, dit Astasie avec une augmentation d'aigreur; monsieur se tourmente peu de mon opinion sur son compte, et de mon côté...

— Miséricorde! s'écria la veuve en joignant les mains, cette fille est folle ! Penses-tu ce que tu dis, Astasie? Combien de fois, avec une candeur estimable, as-tu avoué que parmi tous les *jeunes messieurs* qui viennent ici, le signor Fontoreza méritait la préférence? Oui, signor, telle est sur vous la façon de penser de cette étourdie.

A mesure que ceci était débité, le mécontentement d'Astasie prenait une nouvelle force, tandis que Rinaldi, embarrassé au dernier point, cherchait à sortir de cette position pénible. Ses yeux, en même temps, s'attachaient à la dérobée à poursuivre ceux d'Apolline, qui, troublée, qui, stupéfaite à son tour, cherchait à les éviter. Madame Doussel, inaccessible à ces délicatesses de convenance, s'applaudissait au contraire du détour adroit dont elle se servait pour apprendre au duc de Minotaro l'amour qu'il inspirait à mademoiselle Morase; c'était, selon elle, une provocation très-permise pour le contraindre à l'aveu réciproque attendu de lui. Il n'en fit rien; il se tut comme le faisait Astasie, qui, de plus en plus offensée dans son orgueil et se rappelant la conversation de la veille, céda au désir de se venger, et s'adressant à la veuve :

— Ma tante, dit-elle, M. Rinaldi voit avec indifférence l'intérêt qu'on lui porte dans cette maison : ce n'est pas moi que ses hommages recherchent, il lui faut mieux ; il veut de la coquetterie, de l'ingratitude, tout enfin ce qui assaisonne une passion pour un cœur corrompu.

Le coup d'œil foudroyant adressé à Apolline, et dont elle accompagna ce propos, ne put laisser plus long-temps madame Doussel dans son ignorance. L'éclat qui l'en retirait la blessa trop violemment pour qu'à son tour elle pût se contenir.

— Qu'est ceci? dit-elle; aurions-nous recueilli un serpent dans notre sein, et une jeune fille se rendrait-elle coupable envers ceux à qui elle doit tant de reconnaissance? J'espère que la chose n'est pas; non qu'au temps où nous sommes il faille compter beaucoup sur la gratitude des pauvres; ils sont tous ligués contre les riches; la révolte est flagrante, et n'éclate que trop.

L'attaque contre Apolline était directe. Mademoiselle de Trencavel, vivement blessée, ne savait s'il fallait répondre, et tant que son nom ne serait pas prononcé, peut-être convenait-il de feindre une ignorance convenable : elle se taisait donc; mais Rinaldi, que de pareils ménagemens n'accommodaient point, et qui voulait faire finir une scène autant désagréable qu'inconvenante, dit à madame Doussel :

— J'ignore ce qu'il vous plaît de dire à mots couverts. Ce que je sais bien, c'est le respect que je dois à la fille, à la nièce de M. Morase; j'espère ne jamais m'en écarter, et ce ne sera pas me rendre coupable que d'avouer avec pleine franchise qu'à dater du jour où je suis entré dans cette maison, mon désir unique a été d'obtenir la main de mademoiselle de Trencavel.

— Ah! le traître! s'écria Astasie.

— Sainte Vierge! dit avec non moins d'énergie madame Doussel, est-il possible que l'on s'adresse à moi pour une telle extravagance? Savez-vous, signor, que cette créature ne possède que dix-huit cents livres de rentes; que ma nièce, au contraire, à part six cent mille francs que je peux lui donner, en aura au moins deux fois autant de son père; que voilà, certes, une dot *conséquente*, et que même un duc napolitain s'en contenterait? Y songez-vous? c'est cette cendrillon qui vous attache? cela ne se peut, vous avez trop bon goût!

Rinaldi ne répondit que par un geste, mais il était significatif, il alluma l'indignation de la veuve.

— Oh! poursuivit-elle, en serrant son

mouchoir dans ses mains, avec une expression furieuse, il fallait bien s'attendre à ce que nous serions volés au coin du bois par ces rejetons d'une famille insolente ! le commerce est toujours la dupe des nobles: ils nous juguleront, nous pilleront sans relâche, ils veulent nous dominer, nous écraser, ils intriguent sans cesse ! Ah ! le supportera-t-on, il faut qu'une bonne loi nous délivre de cette engeance; la France ne sera heureuse que lorsque pour uniques gentilshommes elle aura ses plus gros négocians... Quant à vous, péronnelle, continua madame Doussel en s'adressant à Apolline, sortez de ma chambre, rentrez dans la vôtre ; je vous défends d'en sortir ! Je verrai mon frère, je l'instruirai de votre insolence, de votre manége. Quoi ! affronter votre cousine, lui enlever...

La dame s'arrêta, un sentiment confus lui laissant entrevoir qu'il ne fallait pas avouer ce qu'elle savait par une voie indirecte et compromettre ainsi toute espérance de succès à venir. Mais d'un autre côté, Rinaldi souffrant pour Apolline, et indigné de la grossièreté de l'attaque dont elle était l'objet:

— Madame, dit-il avec une véhémence énergique, où sommes-nous? et depuis quand la fortune arrogante a-t-elle le droit de s'adresser en termes si impérieux à la pauvreté modeste? Quelle que soit sa position actuelle, mademoiselle de Trencavel ne perd point son rang; ce rang lui assure des respects que l'on ne lui dénie qu'en se plaçant fort au-dessous de ce qu'il est. Est-ce ainsi que l'on agit envers des parens? il en reste par bonheur à mademoiselle, qui ne seront pas appelés en vain lorsqu'elle voudra s'adresser à eux, et le prince d'Amalfi....

— Oui, ce seigneur de votre pays, repartit la veuve. En vérité, Apolline serait bien sotte si elle comptait sur celui-là. Quelle marque d'affection en a-t-elle reçue depuis que ses parens sont morts? aucune, tandis que mon frère l'a vêtue, logée, nourrie....

— En lui faisant payer pension pour cela, repartit Rinaldi.

— Tredame, est-ce que ces choses se donnent pour rien? L'argent coûte tant à gagner!... Suffit... Quoi qu'il en soit, Apolline nous doit de la reconnaissance; et c'est fort mal à elle que de nuire à sa tendre cousine.

Pendant ce dialogue, mademoiselle de Trencavel, accablée du mauvais traitement dont elle était la victime, demeurait immobile, confuse, et hors d'état de prendre une détermination. Rinaldi, appréciant son embarras, crut devoir se retirer avant elle ; et, rompant brusquement sa discussion avec madame Doussel, partit après avoir rempli les devoirs de la politesse. Dès qu'il eut fermé la porte, madame Doussel se remit à quereller Apolline, qui ne lui opposa que le silence et la résignation.

Cette manière de se défendre est presque toujours celle qui tourmente davantage ceux auxquels nous l'opposons. On aime, quand on attaque, à trouver une résistance propre à nous permettre de développer nos griefs et à nous procurer les moyens de confondre notre adversaire et de le convaincre surtout. S'il se tait, le but est loin d'être atteint, peut-être est-ce dédain, mépris et bravade.

Il y a des personnes qui entrent dans des fureurs plaisantes, chaque fois qu'à leurs injures on oppose l'impassibilité, et qui s'écrient à l'impertinence lorsque l'on s'obstine à leur donner raison.

Apolline savait qu'une querelle avec une femme mal élevée a toujours ses dangers, et en ne répondant pas elle la contint au moyen d'une digue, que madame Doussel ne put franchir.

# CHAPITRE XIII.

On surprend avec plus de promptitude l'orgueil et l'avidité, que la modestie et le désintéressement.

MARMONTEL, *Mélanges*.

# Le Leurre.

La concorde n'existait plus dans la maison Morase; la vanité cruellement blessée d'Astasie lui avait fait oublier la dissimulation tant recommandée par madame de Mareil; sa tante était instruite par elle-même de ce qu'il aurait fallu taire, et un éclat maladroit s'en était suivi. Il y avait beaucoup à réparer, et ce ne serait pas l'ouvrage de quelques heures, d'autant plus que madame Doussel, lorsqu'elle eut épuisé sa mauvaise humeur sur Apolline, la laissa pour aller raconter à M. Morase ce qui se passait.

Ce dernier, plus peut-être encore que sa sœur, tenait au mariage brillant qui semblait être assuré à sa fille; son orgueil, d'abord, en serait flatté, et puis un calcul caché le lui rendait non moins agréable. Il portait, d'ailleurs, peu de tendresse à ses neveux par alliance, leur vue lui reprochait l'indifférence qu'il avait mise à assurer leur fortune, ils étaient d'ailleurs nobles, et à ce titre, il les aimait encore moins. La dignité froide de Léopold, la détermination qu'il avait prise en renonçant à servir le gouvernement actuel, lui déplaisaient beaucoup; il en résultait pour lui certains dégoûts venus de la royauté citoyenne, et il n'en était pas dédommagé par le poids dont il aurait voulu peser sur le jeune Trencavel; son désir eût été de le réduire à la condition de commis, Léopold y avait opposé une résistance inflexible.

Maintenant Apolline se plaçait en pierre d'achoppement entre sa fille et un mari grand seigneur ; ceci devenait un nouveau grief qu'il ressentit jusques au fond de l'ame. Son premier mouvement fut de dire que dès le lendemain il renfermerait cette ingrate dans un couvent, où elle demeurerait jusqu'à sa majorité ; mais une réflexion l'arrêta. La poursuite du duc de Minotaro n'avait rien que d'honorable, et comment, s'il s'avouait publiquement, lui Morase, oncle et tuteur de mademoiselle de Trencavel, se justifierait-il de son opposition, soit devant Léopold, soit devant le reste de la société ? Ce seigneur ne réclamerait-il pas, en désespoir de cause, le concours de la branche d'Amalfi, et par ce moyen Apolline ne lui serait-elle pas accordée ?

Toutes ces considérations retinrent M. Morase dans l'explosion de sa colère, et il écouta les plans que sa sœur lui proposa. Ils n'étaient guère susceptibles de succès, chacun présentait un acte véritable de folie, lorsque madame de Mareil arriva inopinément.

—Bonjour, monsieur Morase, dit-elle. Que je vous embrasse, ma charmante veuve, dont les attraits et la bonne grâce augmentent avec l'âge. Je suis heureuse de vous rencontrer réunis; j'ai à traiter avec tous deux d'une affaire majeure, puisse-t-elle amener la conclusion d'une seconde, qui ne me transportera pas moins.

Madame Doussel ouvrait la bouche pour raconter à l'intrigante les incidens de la matinée, lorsque son frère, qui voulait faire du secret la règle première de sa conduite, lui coupa la parole, et pria madame de Mareil de s'expliquer.

— Votre famille, répondit celle-ci, est véritablement en passe de bonheur; voilà un duc napolitain qui se présente pour la chère Astasie; voici un non moins grand seigneur, d'origine allemande, qui aspire à mettre aux pieds de votre nièce ses richesses et son rang.

Le frère et la sœur se récrièrent à la fois.

— Votre surprise, poursuivit Eugénie, est naturelle : de tels événemens sont peu communs, et lorsqu'ils éclatent, il faut en profiter en toute hâte, sous peine de perdre le moment et l'occasion, vous le savez, en tout. Voici le fait : le marquis de Saint-Estève est d'origine royale, le nom de son père est un secret, celui de sa mère est illustre; il possède de grands revenus sur les banques d'Angleterre, d'Amsterdam, et de Hambourg ; une superbe baronnie aux confins de la Pologne et de l'Ukraine, plusieurs autres domaines disséminés dans la Germanie et principalement aux environs des monts Krapacks : il a vingt-six ans, vous le connaissez, c'est un beau monsieur, il ne manque ni d'esprit ni de conduite, il pourrait choisir sa femme parmi les premières familles de l'Europe, et c'est votre nièce qu'il veut.

Jamais nouvelle ne pouvait survenir plus à propos, et nécessairement être mieux reçue. M. Morase, ébloui de tout ce que débitait madame de Mareil, regretta peut-être que le choix de Saint-Estève se fût arrêté sur Apolline, non sur Astasie; mais dans l'empressement où il était de se débarrasser de sa pupille, il répondit que les obstacles à cet hymen ne viendraient pas de son côté.

— Je n'y mets, poursuivit-il, qu'une condition, c'est qu'il ne tardera pas à se conclure.

— Vous allez, lui fut-il répondu, au devant du désir du marquis de Saint-Estève ; son père le rappelle momentanément auprès de lui, et avant que de partir il veut être marié. Vous ne sauriez combien il vous estime, et tantôt, en me conjurant d'être auprès de vous son interprète, il me disait : Je suis flatté d'appartenir à la famille Morase, dont le crédit est si solide ; j'ai du plaisir à donner par mon alliance avec elle une preuve de mon estime pour le commerce français.

— C'est là un véritable gentilhomme, dit avec enthousiasme la veuve Doussel, il ne croit pas descendre en se rattachant à nous autres industriels qui sommes la source positive de la splendeur des états, il comprend l'égalité en philosophe. Pourquoi Astasie n'est-elle pas honorée de son choix ?

— Ah ! ma chère amie, repartit madame

de Mareil, est-ce que les affections du cœur se commandent? Votre nièce, assurément, n'a rien à envier à sa pauvre cousine, et le nombre d'adorateurs qui briguent un de ses regards... Eh! bien, monsieur Morase, quand vous déciderez-vous à marier aussi cette intéressante demoiselle? le duc de Minotaro...

Ce nom prononcé sans intention et par manière de conversation fit gronder la tempête; vainement le chef du logis essaya de retenir sa sœur, il ne put. Madame de Mareil apprit avec une surprise stupéfiante, ce fut son mot, ce que déjà elle savait mieux et bien plus tôt que le reste des intéressés, c'est-à-dire que le seigneur italien, loin d'être épris d'Astasie, avait franchement avoué sa passion pour mademoiselle de Trencavel. La narratrice peignit ce fait si simple de couleurs noires et jalouses; c'était la coquetterie d'Apolline qui avait surpris le duc, on espérait, néamoins, que celui-ci reviendrait à la fille de la maison, lorsque sa cousine ne serait plus là pour lutter avec elle.

Madame de Mareil en conclut qu'il fallait brusquer le mariage de mademoiselle de

Trencavel avec le marquis de Saint-Estève, ce fut aussi l'opinion de M. Morase et de madame Doussel; mais l'un et l'autre, avant tout, avouèrent que l'on ne pourrait rien décider qu'après avoir obtenu l'assentiment de Léopold ; on se flatta qu'il ne le refuserait point, attendu les avantages du parti qui se présentait, et M. Morase promit de lui en parler avant l'heure du dîner.

Ces mesures prises, madame de Mareil se retira et fut accompagnée par la veuve. Celle-ci, dès qu'elles furent hors du cabinet de Morase, redoubla la vivacité de ses plaintes contre la coquetterie d'Apolline, la chargea de toutes sortes d'imputations calomnieuses, répétant à Eugénie que ce serait être encore agréable à Dieu que de punir l'orgueil invétéré en cette jeune personne. La méchante femme alla jusqu'à regretter que le châtiment préparé fût un bel et bon mariage. On aurait pu la consoler sur ce point; mais madame de Mareil ne jugea point qu'elle méritât d'être admise à une pareille confidence.

La malice des intelligences bornées et des

personnes placées en dehors dans les rangs de la société a un développement incroyable ; moins on a d'idées plus on tourne vers le mal le peu qu'il en reste, et c'est avec une activité opiniâtre qu'on s'attache à nuire à ceux qu'on n'aime pas.

La vanité de madame Doussel voulait que sa nièce devînt une grande dame ; et ce désir, contrarié par l'influence des charmes d'Apolline, lui aurait fait traiter cruellement cette dernière en punition de ce qu'elle contrariait un besoin de l'amour-propre, toujours si ardent à sévir contre ce qui s'oppose à son développement.

Tandis que de ce côté on s'encourageait à poursuivre un complot, M. Morase ne perdait pas de temps. J'ai dit qu'une raison secrète le poussait à vouloir que mademoiselle de Trencavel fût tôt mariée, et mariée avec un époux accoutumé plus à dépenser qu'à recueillir. Tout dans un commerçant est matière à spéculation, même ce qui ressort uniquement des affections de l'ame. Il songeait aussi à procurer à Léopold une femme, quoiqu'il fût bien jeune : qu'importe, se disait-il, pourvu qu'il fasse une bonne affaire et que j'y trouve du profit.

La personne qu'il avait en vue était d'un âge mûr, ancienne amie de feu madame Morase, veuve d'un riche entrepreneur de bâtimens; elle avait dû être belle dans sa jeunesse et en conservait des restes, mais plus encore des prétentions. La fantaisie de briller dans le grand monde occupait toute entière madame Robin; ce nom, sonnant mal à son oreille, l'excitait à l'échanger contre un plus sonore; il lui fallait un mari noble, titré, joli garçon, jeune surtout; car sans la jeunesse, disait-elle, la joie manque à la vie. C'était sans doute demander beaucoup; eh bien! ces avantages réunis ne l'eussent pas encore satisfaite : elle exigeait en outre de son époux futur une soumission sans bornes, de la complaisance, et surtout beaucoup d'amour. C'était donc un enfant qu'il convenait de prendre, qu'elle formerait, et dont elle ferait le bonheur; car faire le bonheur de son mari est la marotte des vieilles femmes; cela signifie simplement qu'elles attendent le leur de l'époux qu'elles prendront.

Madame Robin laissait de côté une pierre d'achoppement dont elle était suivie, sa fille, déjà parvenue à sa vingtième année, créature ravissante, bien plantée, fraîche, forte, déterminée, rieuse, commune, commère, et parisienne de la tête aux pieds. Mademoiselle Elmonde Robin attendait, avec autant de résignation que de volonté fortement arrêtée, l'heureuse époque de sa majorité, ayant à-part soi formé le plan de se séparer de sa chère mère aussitôt que la loi le lui permettrait, et immédiatement après de se donner, par des nœuds légitimes, à un avoué de sa connaissance qu'elle n'aimait point, dont elle se moquait au contraire, mais qui ferait rendre gorge à la *mère Robin*, jusqu'à un dernier centime, de la fortune paternelle de mademoiselle Elmonde. On doit en celle-ci reconnaître pareillement une des actualités de l'époque.

M. Morase, à tant faire que de vouloir mal marier son neveu, aurait dû peut-être choisir Elmonde Robin plutôt que sa mère, mais celle-ci achetait la main du jeune homme par une somme égale aux trente-six mille francs qui revenaient à Léopold, et que son oncle devait lui compter, et une raison pareille déterminait l'honnête négociant. Il envoya chercher Léopold, afin de battre le fer quand il est chaud, suivant son expression favorite.

Léopold regarda en manière d'événement majeur cet appel extraordinaire; son oncle le recherchait peu, il l'évitait même, et surtout le traitait dès son bas âge avec autant d'indifférence que de hauteur. La noblesse d'argent est fermement persuadée que l'on n'est digne qu'en se montrant froid et dédaigneux; elle a d'ailleurs en permanence l'arrière-pensée qu'on a du penchant à lui contester le rang qu'elle se donne, et alors, pour se défendre, elle se hérisse et se tient en arrière : c'était là le cas. M. Morase, par sa fortune prodigieuse, se croyait certes très-au-dessus des pauvres Trencavel; eh bien, il s'imaginait néanmoins que le frère et la sœur avaient la prétention de leur supériorité en raison de leur naissance; et, pour les combattre sur ce champ de bataille ridicule, il les tenait toujours à distance respectueuse et les soumettait à des règles de servitude exigées à peine des domestiques de la maison.

Jamais, par exemple, Léopold en tête-à-tête ne s'asseyait devant son oncle; jamais en public M. Morase ne lui adressait la parole que pour le faire taire ou pour lui donner un ordre; aucune intimité n'existait entre eux, moins encore des épanchemens de tendresse. C'était donc un cas particulier qu'un appel à venir dans le cabinet de *monsieur;* monsieur c'est le maître de la maison pour la famille et les valets; c'est *le patron* pour les *élèves de commerce;* car il n'y a plus guère de commis. Le *jeune homme* du magasin est le titre plus agréable qui remplace celui de *courtaud de boutique,* dont les marchands se servaient autrefois.

Léopold, élevé dans les sentimens d'une obéissance passive, se hâta de répondre au commandement de son oncle. Il le trouva dans une ancienne salle de l'hôtel richement dorée autrefois, et où il avait placé son bureau particulier, c'était le sanctuaire où parvenaient les seuls élus; car n'arrivait pas qui voulait auprès de M. Morase : il fallait, avant de venir à lui, soutenir l'interrogatoire d'un vieux loup d'anti-chambre, accoutumé à dépister les infortunés et les débiteurs malheureux, qu'il ne laissait jamais pénétrer plus avant : les premiers recevaient le conseil d'aller trouver le curé de la paroisse, et on remettait aux seconds l'adresse de l'huissier de *monsieur*.

Le patron, qui aurait bien voulu obtenir ce titre du jeune Trencavel, n'en recevait toutefois que ceux, plus convenables, de *mon oncle* ou *mon tuteur;* il avait manœuvré pour les faire réformer, mais sans succès. Léopold, dans sa modeste réserve, savait ce qui devait être, et cédait tout ce qu'il pouvait sans aller au-delà.

Il est un tact exquis à l'aide duquel les personnes bien élevées savent descendre sans s'abaisser, et qui leur désigne le point qui sépare l'humilité de l'avilissement.

M. Morase, selon son usage, reçut le salut de son neveu sans le lui rendre que par un simple geste de main; il ne se leva pas, et lui fit signe, non de prendre une chaise, mais d'aller s'appuyer contre la cheminée. Lorsque ce cérémonial accoutumé fut rempli, il éleva la voix avec emphase, comme encore il le faisait chaque fois qu'il voulait se faire valoir, et ceci arrivait souvent, et, regardant son neveu qui attendait une communication officielle, il lui dit :

— Tu sais, Léopold, que tes parens t'ont laissé, ainsi que ta sœur, à peu près sans ressource ; car qu'est-ce que trente-six mille livres placées d'une manière immobile et qu'on ne fait pas *suer*. J'aurais voulu, lorsque vous aviez eu la coupable envie de renoncer à servir le roi de notre choix, que vous fussiez devenu un digne habitué de la Bourse : vous auriez travaillé d'abord dans la coulisse en *marron* intelligent, cela vous eût fait connaître sous de bons auspices ; et, un peu plus tard, vous eussiez fait d'aussi grands coups que tels ou tels de ces messieurs. Cela ne vous a pas souri ; vous avez préféré l'avocasserie, soit ; c'est une route à gagner de l'argent tout comme une autre, pourvu qu'on s'attache moins aux paroles qu'aux actes, et j'espère que vous parviendrez à vivre noblement aux dépens d'autrui; car, voyez-vous, l'essentiel dans ce monde, c'est que le public fournisse à nos besoins : l'habile homme est celui qui tire tout des autres ; le sot est celui qui mange son propre bien.

M. Morase s'arrêta, afin sans doute de laisser le temps à son neveu de méditer sur les maximes qu'il venait de lui débiter. Léopold, au lieu d'en admettre l'importance, en avait ri tout bas; il était déterminé à se frayer une autre voie, et celle qu'on lui présentait n'obtenait pas son assentiment. Mais était-ce là uniquement ce que son oncle lui dirait? l'avait-il mandé pour le régaler d'une thèse générale? Cette question, qu'il s'adressait à lui-même, fut promptement résolue par l'industriel, qui reprenait la parole :

— Vous êtes pauvre ainsi que votre sœur; j'aime à croire que ce n'est pas un vice, mais du moins est-ce un tort; et c'est incontestablement votre chétive fortune qui vous écarte de la belle société, seule respectable à juste titre, puisqu'elle est riche.

Vous ne pouvez prétendre qu'à un rang d'ouvrier un peu étoffé; car, que peut-on faire avec dix-huit cents livres de rente, lorsque l'on a la prétention de demeurer les bras croisés?.... Je sais bien, poursuivit M. Morase avec un sourire insolent, que vous mettrez en ligne de compte l'antiquité de votre noblesse : elle pouvait en effet avoir quelque valeur lorsque régnait le tyran Charles X ; mais, depuis *les glorieuses*, nous ne descendons plus que de nos œuvres. Grâce à l'immortelle garde nationale, le règne de la sainte égalité a commencé : quiconque a des écus est le premier en ligne; et je dois convenir que le roi-citoyen observe admirablement cette règle.

M. Morase fit une seconde pause avec moins de satisfaction qu'à la première, parce qu'il lui sembla que Léopold, au lieu de recevoir avec humilité la leçon donnée, l'accueillait avec un maintien rempli de fierté indifférente. Or ce qui blesse le plus un parvenu, c'est le doute qu'on lui manifeste qu'il ait le droit acquis aux honneurs du rang; et, sur ce point, les inquiétudes de son amour-propre, les angoisses de sa susceptibilité, sont poussées jusqu'à l'extravagance. Mais Léopold persistant à se taire, l'allocution de l'industriel continua :

— Vous devez être convaincu de votre position honteuse....., fâcheuse, si vous voulez; car enfin, je puis venir à vous manquer; et alors vous perdriez l'apparence *cossue* qui vous environne, grâce à moi. La destinée vous offre un moyen d'acquérir ce que naguère il lui a plu de vous enlever; un parti se présente pour votre sœur et pour vous : le sien convient à une femme frivole et légère : c'est un homme de *bon ton*, jeune, immensément riche, fils de roi ou à peu près; il vous est connu, et en vous nommant le marquis de Saint-Estève.....

— Lui! dit Léopold avec tant de surprise qu'il osa interrompre son oncle. A cet excès d'audace, M. Morase parut interloqué; il se gourma soudain plus qu'il ne l'était déjà, ses lèvres firent la moue, ses joues se gonflèrent, et il regarda de ses petits yeux son neveu et pupille avec une indignation très-plaisante. Cependant, comme il avait ses raisons pour se montrer en passe d'indulgence, il daigna excuser la folie de Léopold, et changer sa harangue en un vrai dialogue.

— Oui, dit-il, le marquis de Saint-Estève en personne; auriez-vous des objections à faire qui lui seraient défavorables?

— Je le connais peu; sa tournure est agréable; ses manières ne sont pas peut-être à la hauteur de son rang, ceci ne m'attache pas; mais l'illégitimité de sa naissance.....

— Un mariage morganique, comme ils disent en Allemagne, c'est mieux que bâtardise en France; au reste, des exemples assez augustes sont là pour rassurer votre orgueil : le régent n'a-t-il pas épousé mademoiselle de Blois, la fille de Louis XIV et de madame de Montespan? et après lui, certes..... D'ailleurs, Saint-Estève a tant de biens, de superbes domaines, des sommes énormes placées sur les meilleures banques de l'Europe; il sera, dit-on, reconnu par son auguste père; et je me demanderai ce qui vous semble réprehensible dans une pareille union.

Léopold, ai-je dit, possédait une raison supérieure à son âge; il s'avoua, en cette circonstance, que la noblesse, et la plus relevée encore à toutes les époques, n'avait jamais hésité à s'allier aux branches illégitimes des maisons royales; il se rappela que dans la sienne avait eu lieu un hymen de ce genre. D'ailleurs le marquis de Saint-Estève offrait tous les avantages qu'on pouvait désirer, et que la position d'Apolline ne devait pas lui faire espérer de rencontrer aisément.

Cette alliance aurait un autre but, celui de couper court aux prétentions de Rinaldi-Fontoreza ; et Apolline, à moins de vouloir déplaire à ses proches, ne pourrait balancer entre le jeune homme et le marquis de Saint-Estève. Ces considérations, corroborées de ce qu'ajouta M. Morase, qu'il avait pris des informations méticuleuses sur la fortune et la position réelle du prétendant à la main de sa nièce, déterminèrent Léopold à répondre selon le désir de son oncle, sauf, ajouta-t-il, ce que l'avenir pourrait apprendre de contraire à cette union. En même temps il songeait à monter chez le chevalier de Lens pour lui annoncer ce fait et prendre en quelque sorte son avis, bien que la chose fût déjà décidée. Il allait donc se retirer, lorsque son oncle lui dit :

— Léopold, vos manières graves inspirent de la confiance à des personnes très-respectables ; on vous croit un jugement sain, et on pense que vous entendez les lois du royaume : cela porte à vous consulter à un âge où, pour d'ordinaire, on est plutôt conseillé. Vous voyez ici souvent madame Robin, femme sensée, vénérable, et surtout fort riche ; elle veut vous parler de je ne sais quelle affaire ; vous passerez chez elle aussitôt après votre dîner.

M. Morase n'en dit pas plus pour se conformer aux intentions de la matrone pudique. Elle voulait sonder le cœur de son jeune futur, avant de lui faire connaître la part flatteuse qu'elle lui réservait dans ses affections. Léopold s'inclina en signe d'obéissance. Madame Robin et sa fille fréquentaient la maison Morase, et il avait pu les apprécier toutes les deux : la mère lui paraissait une vieille folle ; la jeune, une étourdie non moins achevée; et certes, il était loin de présumer qu'un projet d'alliance existât pour l'enchaîner à l'une des deux par des nœuds indissolubles : il salua son oncle et partit. Le chevalier de Lens ne se trouva pas chez lui, il dînait dehors ; Léopold ne put donc lui parler ce jour-là. Son oncle l'avait prié de ne rien dire à Apolline de ce qui venait de lui être confié, avant que le marquis de Saint-Estève eût, par lui-même, instruit mademoiselle de Trencavel de ses dispositions à son égard.

# CHAPITRE XIV.

La jalousie quand elle entre dans un cœur y occupe une place imperceptible, plus tard elle le remplit tout entier.

*Recueil de Maximes.*

## Deux heures en voiture.

C'était madame de Mareil qui avait réglé le plan de campagne de cette soirée et les dispositions propres à en assurer le succès. Léopold de Trencavel, par l'intermédiaire de son oncle, avait reçu une mission qui l'écarterait. Il fallait que Rinaldi, non plus, ne se trouvât pas présent à l'entrevue projetée, ce qui faciliterait à Saint-Estève le moyen de s'annoncer à Apolline en qualité de futur époux. Ceci n'était pas facile à déterminer; Rinaldi ne manquait ni le dîner de la famille, qui lui revenait de droit, en vertu du prix de sa pension, ni la soirée qui venait à la suite; à peine si, de loin en loin, il se permettait l'Opéra italien ou les Français. On ne pouvait lui interdire l'entrée du salon, et, s'il y paraissait en cette conjoncture, Saint-Estève serait certainement contrarié dans sa démarche.

L'intrigante coquette dit alors qu'elle s'immolerait au bien commun; en conséquence, étant venue dîner avec les Morase, dès qu'on se leva de table elle appela Rinaldi en présence du maître de la maison, et lui demanda, non sans forme de prière, mais avec cette exigence qu'une jolie femme regarde comme une faveur qu'elle accorde, de l'accompagner dans deux ou trois courses qu'elle voulait faire sans retard.

Rinaldi fut sur le point de refuser, mais il n'osa; et, bien qu'il soupçonnât en ceci quelque manége de la part de la dame, il s'exécuta par nécessité. Tous les deux sortirent, à la grande surprise d'Apolline, qui, timide et embarrassée, avait gardé un silence opiniâtre pendant la durée du repas; ses parens lui montraient des visages sévères, son frère évitait de la regarder, et elle n'osait soutenir le feu qui partait des yeux de Rinaldi.

Lorsque celui-ci fut dans la voiture de madame de Mareil :

— Je gage, dit Eugénie, que vous souffrez de mon audace à vous retirer des enchantemens d'Armide ; il fut une époque où une occasion de vous rapprocher de moi ne vous aurait pas autant déplu.

— A qui la faute? répliqua Rinaldi ; je croyais alors que je possédais seul votre tendresse, et, en réalité...

— Il n'en était rien : voilà ce que sans doute vous voulez dire? En vérité, messieurs de Naples, vous êtes par trop exigeans ; il vous faut de l'amour environné d'ennui et de jalousie ; on ne peut, avec vous, causer avec les indifférens, et moi qui comptais sur votre loyauté, n'aurais-je pas des reproches à vous faire? Au reste, supposons que les torts soient réciproques, c'est le meilleur moyen de porter à l'indulgence; d'ailleurs vous êtes maintenant si bien attaché... Auriez-vous assez de confiance en moi pour m'avouer à qui vous avez jeté le mouchoir? est-ce à la fille de la maison ou bien à la nièce?

— Madame...

— Oh! ne vous fâchez pas, nous sommes à une époque où les hommes ont tant d'avantages, que le choix leur est permis; je sais bien celui que je ferais à votre place; Astasie sera immensément riche, elle a un fond de solidité précieuse à travers sa légèreté apparente, tandis que sa cousine... Signor Rinaldi, souvenez-vous du proverbe: Rien n'est pire que l'eau qui dort.

— Je croyais mademoiselle de Trencavel aussi réservée que belle.

— Ah! oui, un abîme de perfections, c'est la préférée. Eh bien! vous commettez là une faute énorme; car, à part son peu de fortune, elle est capricieuse à l'extrême, et vous ne demeureriez pas long-temps l'objet de son choix.

Ces propos, dits en riant, et comme sans y apporter aucune intention sérieuse, troublèrent néanmoins Rinaldi; il aurait voulu poursuivre ce texte, important à son cœur; mais les chevaux s'arrêtèrent, et il fallut descendre dans un magasin fort à la mode où madame de Mareil demeura long-temps. Une femme, en présence d'une foule de *chiffons délicieux*, est toujours dans une perplexité extrême, elle prend l'un qu'elle quitte pour un autre, pour y revenir bientôt après; se consulte, demande des avis que, certes, elle n'écoutera pas, balance encore, se décide, puis repousse ce qu'elle a choisi, et finit par prendre ce qui lui est le moins agréable. Cela ne peut avoir lieu sans une perte considérable de temps. Que lui importe? ce n'est pas cela qu'elle regrette, mais bien de ne pouvoir se parer à la fois de tout ce qui flatte sa vue.

Ce n'était pas au milieu de cette haute occupation que Rinaldi pouvait espérer de poursuivre la causerie importante entamée précédemment. Il patienta, espérant qu'en rentrant dans la voiture le moment favorable reviendrait; mais ce ne fut plus possible; madame de Mareil était trop occupée de ce qu'elle venait de voir, de ce qu'elle avait mis à part; de la manière, surtout, dont ces étoffes seraient employées; puis suivaient des regrets d'un achat fait aux lumières.

— Cependant, dit-elle pour se rassurer, c'est le moment le plus convenable aux emplettes de ce genre ; car nos robes de parure ne sont pas pour être montrées au grand jour.

Elle dissertait encore là-dessus sans que Rinaldi eût pu placer un mot relatif à son inquiétude, lorsque l'on arriva chez mademoiselle Céline. Ici la séance fut bien autrement prolongée, le thème à traiter mille fois plus relevé; chapeaux, toques, bonnets, rubans, on épuisa chaque genre, et dix heures sonnèrent lorsque madame de Mareil se rappela qu'elle avait promis aux Morase de finir la soirée avec eux ; elle s'arracha des enchantemens du magasin de mademoiselle

Céline, et dans la longueur de la distance à franchir, se mit à passer en revue toutes les faiseuses intéressantes par leurs talens, n'en oublia aucune et décida que, parmi les artistes du genre qui commençaient alors leur réputation, mademoiselle Stéphanie, rue de la Paix, n° 6, était sans doute celle dont la bonne compagnie adopterait maintenant les chefs-d'œuvre de goût.

Rinaldi écoutait avec impatience ce déluge de paroles vides de sens; enfin, ne pouvant les endurer et voyant s'approcher la rue Saint-Louis, il essaya de ramener l'attention de madame de Mareil sur Apolline. Aux premières phrases qu'il en dit, madame de Mareil se hâta de lui répondre :

— Que vous importe ce que je peux vous confier; vous aimez, cela suffit pour vous rendre sourd et aveugle; il m'est très-indifférent que vous aimiez l'une ou l'autre des deux cousines; mais il ne doit pas vous l'être d'accorder la préférence à celle qui le mérite le moins.

— Prouvez du moins ce que vous avancez, s'écria Rinaldi.

— Que je prouve une conviction, une certitude qui repose sur la connaissance approfondie d'un caractère? apprenez-m'en le motif; vous dirai-je qu'elle est coquette? vous avez dû le voir.

— Non, madame, repartit Rinaldi vivement.

— Dès lors vous vous en apercevrez moins à mesure qu'Apolline étendra son empire sur votre cœur et votre imagination.

Cette phrase fut prononcée avec cette froideur de conviction qui désespère ceux dont on contrarie le désir.

— Que vous dirai-je? ajouta la dame habile dans sa feinte naïveté, rien qui pût porter le jour dans votre fantaisie; je ne connais aucune preuve capable de convaincre un amant qui ne veut pas être convaincu; aussi ma coutume est de n'en jamais fournir; on croit de mes paroles ce qu'il plaît d'en croire et on se méfie de ce qui ne convient pas.

— Ainsi, répliqua Rinaldi en proie à un sentiment de colère qu'il cherchait à comprimer, on peut nuire à la vertu même sans qu'elle puisse espérer qu'on articulera des faits contre elle.

— Je vous ai dit ma manière d'agir, vous la trouvez désagréable, cessons donc toute conversation sur ce point.

— Cela vous plaît à dire, mais ne peut se faire; vous me désespérez et vous conserveriez un silence cruel après avoir allumé un volcan dans mon ame !

— A qui la faute? ayez des passions moins impétueuses et alors vous ne perdrez pas la raison aussi facilement ; dois-je me montrer commère et parler mal du prochain?..

— Il fallait ne pas commencer, il ne vous reste maintenant qu'à finir.

— Eh bien ! c'est une satisfaction que je ne vous accorderai pas; vous aimez? soit; vous avez confiance en l'objet de vos amours? soit encore ; quant à moi j'ai dit ce qu'il m'a plu et un mot avec ne sortira pas de ma bouche ; aussi bien arrivons-nous et le temps me manquerait pour me justifier.

Ce fut ainsi que madame de Mareil trancha la querelle, satisfaite qu'elle était d'avoir répandu un noir poison dans le cœur de Rinaldi, en lui inspirant une jalousie vague qu'un Italien supporterait impatiemment. Il en résulta que l'un et l'autre avaient une égale impatience de se quitter, et pourtant naguère encore ils croyaient s'aimer. La vie est pleine de pareils mécomptes; rien ne commence avec plus de vivacité qu'un attachement prétendu éternel, puis on le conçoit mieux et alors on se sépare vite, honteux de l'erreur où l'on était tombé, sans pour cela s'en servir en forme d'expérience; le lendemain on recommence sur nouveaux frais sans avoir mieux réfléchi.

## CHAPITRE XV.

*Dùmmodò morata rectè veniat* (uxor) *dotata est satis.*

De la sagesse et un bon caractère sont une assez belle dot.

PLAUTE, l'*Aululaire*, acte II, scène 2.

# La Lutte engagée.

On annonça le marquis de Saint-Estève, il se présenta brillant de parure, gracieux selon son habitude; car celui-là comptait parmi ces fourbes habiles qui font leurs campagnes dans la bonne compagnie. A son aspect, les Morase éprouvèrent une joie qu'ils déguisèrent de leur mieux; on le complimenta sur l'affection qui le portait à venir visiter souvent la famille, et lui prétendait qu'un penchant involontaire l'appelait dans une maison où il trouvait des modèles de bonne conduite et de beauté.

Madame Doussel, peu après, sortit du salon amenant Astasie sous un prétexte plausible, et peu après monsieur Morase fut demandé par le courtier marron Ronal; Apolline, voyant partir son oncle, se leva en même temps pour l'accompagner; mais lui, l'arrêtant dans sa course:

— Est-il convenable, dit-il, de laisser seul monsieur le marquis de Saint-Estève, ma sœur et ma fille vont revenir, je ne tarderai pas à rentrer; allons, Apolline, ne sois pas timide à ce point de ne pouvoir rester en tête à tête avec un homme de qualité.

Ceci avait été dit tout bas, et M. Morase s'éloigna immédiatement. Apolline s'en retourna vers son fauteuil d'un pas timide, tandis que le marquis se rapprochait d'elle.

— Est-ce donc, dit-il, un sentiment de

crainte que j'inspire à mademoiselle de Trencavel, c'est un malheur que je sens avec d'autant plus d'amertume qu'il me serait doux d'obtenir sa confiance en attendant que je pusse parvenir à un but encore plus précieux.

Apolline, que ce propos troubla, baissa la tête sur la broderie à laquelle elle travaillait et garda le silence; Saint-Estève en fut presque ému, il le manifesta par un geste rapide et reprenant la parole :

— J'ai voulu moi-même vous informer, mademoiselle, du pouvoir que vous prenez sur mon cœur...

— Je suis seule, monsieur le marquis, dit Apolline en interrompant, et devez-vous profiter de cette circonstance...

— Est-ce une faute, un crime ou même manquer aux convenances que de profiter d'une occasion pour vous demander à vous-même. Oui, mademoiselle, poursuivit Saint-Estève en donnant à sa voix une expression passionnée et mélancolique, mon cœur vous appartient, et mon bonheur serait d'être autorisé à supplier vos parens de m'accorder votre main.

Cette proposition inattendue confondit Apolline. Saint-Estève ne manquait ni d'agrémens extérieurs ni d'esprit, et il savait conserver les formes de la bonne compagnie. Chaque fois, disait-il, qu'il entrait en scène, c'est-à-dire dans un salon, il jouait son rôle avec aisance et non sans quelque dignité ; il était donc naturel qu'on le prît pour un homme de haut rang, et Apolline pouvait, sans l'aimer, éprouver de l'embarras à refuser l'offre qu'il faisait avec tant de franchise ; cependant il fallait s'y déterminer ou craindre qu'un silence prolongé ne justifiât son espérance. Apolline s'y détermina, et après l'avoir remercié de l'honneur qu'il lui faisait, elle repartit que sa résolution invariable était de ne pas se marier avant sa majorité : le retard équivalait à un refus.

— Ainsi, reprit Saint-Estève, mes soins ne vous conviennent pas, vous me repoussez avec une barbare indifférence et pourtant je suis de ceux que l'on traite avec plus de ménagement.

— Je voudrais vous complaire, répliqua mademoiselle de Trencavel, qui, dans cette réponse, avait démêlé un mouvement d'amour-propre blessé ; mais ma situation est si difficile, je craindrais d'attacher à ma mauvaise fortune un homme tel que vous, et une retraite dans une maison sainte est peut-être ce que j'ai de mieux à chercher.

— Je vous l'offre dans un palais avec tous les enivremens du luxe et de la richesse, je veux combler tous vos souhaits et vous rendre la plus heureuse parmi celles de votre rang.

— Je ne vous aime pas, dit Apolline avec une naïveté peu satisfaisante.

— Accordez-moi d'abord votre estime ; l'amour, je m'en flatte, viendra plus tard.

— Vous le méritez, monsieur, et néanmoins vous ne l'obtiendrez pas de moi ; mon cœur...

— Eh bien !..

Saint-Estève à peine eut-il avancé ces premiers mots qu'il s'en repentit, comprenant qu'il venait de faire une bévue en encourageant, par une question intempestive, un aveu que la prudence aurait dû éviter ; il n'était plus temps, mademoiselle de Trencavel, se maintenant dans sa sincérité, ajouta :

— Mon cœur ne m'appartient plus.

— Et vous me le dites si cruellement !

— Je le dois, vous auriez pu, si j'avais gardé le silence, attendre de vos instances mon consentement, vous fatiguer auprès d'une femme ingrate ; je préfère vous parler sans réserve, et vous avouer que je ne m'appartiens plus.

— Il est affreux d'entendre un tel arrêt sortir de votre bouche, s'écria Saint-Estève en jouant le désespoir d'un amant malheureux, avec la science d'un acteur consommé ; et quel est ce rival qui m'est opposé ? me sera-t-il permis de le connaître ?

— C'est demander, monsieur, répondit Apolline, au-delà de ce que vous êtes en droit d'obtenir.

— Je saurai pourtant son nom ou je devinerai la personne.

Cette menace faite d'un ton tragique jeta une autre sorte d'inquiétude dans l'ame de la jeune fille; elle aurait voulu reprendre l'aveu qu'elle avait fait, et tournait vers saint-Estève ses beaux yeux remplis de larmes.

— Ceux de votre caste, dit-elle, n'abusent jamais de la confiance qu'on leur accorde ; démentiriez-vous de si nobles procédés ?

— Ils n'aiment pas, mademoiselle, répliqua-t-il avec chaleur, et croyant, en manifestant de la colère, parvenir à gagner en proportion de ce qu'il avait perdu; ils sont insensibles ou n'ont du moins qu'une tendresse vulgaire, tandis que moi, violemment épris, j'espérais que ma personne ne vous serait pas désagréable, et, lorsqu'elle subit l'affront d'un refus, vous faites un appel à ma générosité ; ne vous flattez pas d'en être entendue; on vous traitera comme vous traitez vos esclaves , et si vous êtes insensible, on se montrera inexorable.

Apolline, à mesure que Saint-Estève débitait cette phrase de mécontentement, éprouvait une augmentation d'effroi; déjà elle voyait Rinaldi mesurant son fer avec celui du marquis, et son amour redoutait que l'avantage ne demeurât à ce dernier; elle déplorait tout bas son imprudence; son irréflexion s'accusait d'une légèreté qu'elle avait prise d'abord pour une loyale franchise, et n'apercevait dans l'avenir que scènes douloureuses, lorsque son oncle rentra.

Saint-Estève aussitôt allant vers M. Morase et se maintenant dans un air de douleur qui le secondait à merveille, dit :

— Ah monsieur ! vous voyez un homme bien à plaindre : je vous ai montré ce que je suis, quelle est ma fortune présente, quel sera mon avenir; les preuves irrécusables mises sous vos yeux de ce que j'avance vous ont convaincu de ma position brillante; eh bien ! ce que j'avais fait dans le but de m'assurer votre suffrage, lorsque je vous le demanderais, tout me devient inutile; votre aimable nièce, que je voulais placer à côté d'un trône, écarte mon hommage et répond par un refus opiniâtre aux vives instances que j'adresse à sa pitié.

— Qu'est-ce donc, Apolline, dit M. Morase, que ce caprice inconvenant? tu es presque pauvre, tu ne peux attendre qu'un mari à l'avenant de ta dot, et voici qu'il s'en présente un, noble comme toi, jeune, agréable et de plus millionnaire; est-ce un refus qui doit sortir de ta bouche, et est-ce à moi à le souffrir?

Apolline, ainsi interrogée, garda le silence tandis que des larmes tombaient de ses yeux sur le métier placé devant elle. Le chagrin les provoquait, et peut-être encore un dépit d'instinct accusant Saint-Estève d'être indélicat et de provoquer sans pitié la colère de M. Morase contre elle. Saint-Estève devina ce qui se passait dans cette jeune tête, et cherchant à gagner en partie ses affections en se montrant sous un aspect plus favorable :

— Je suis accablé, dit-il, par ma mauvaise étoile, elle me frappe de toutes parts et jusques au point de me faire oublier que j'aurais dû souffrir en silence; j'ai eu tort, monsieur, de vous découvrir la plaie de mon cœur, soyez assez bon pour perdre le souvenir de ce que je viens de vous dire, oubliez la communication que je vous ai faite de mon chagrin, et surtout n'en punissez pas mademoiselle.

— Tout cela est bel et bon, répliqua Morase; mais je ne peux m'élever à cette quintessence de sentiment; vous aimez en grand seigneur, c'est-à-dire perdu dans les nuages; je dois agir et penser en homme d'affaires qui juge et calcule; ma nièce est une folle que je n'abandonnerai pas à son délire, et vous serez son mari puisqu'il vous convient de l'être.

— Mon oncle, ne put s'empêcher de dire d'un ton de reproche Apolline, suis-je tombée si bas que ce soit une nécessité de m'accorder à qui me demande ?

— Qui êtes-vous, en vérité, pour avoir tant d'orgueil? quand on est pauvre on est humble, la fierté sied seulement à la richesse; comptez sur vos aïeux, ils ne vous donneront pas à vivre. Monsieur le marquis vous fait grand honneur. Je sais des femmes dont la dot est superbe et qui, pour lui, quitteraient le plus beau garçon; faites comme elles, vous qui, grâce à Dieu, n'avez encore oui les fleurettes d'aucun homme.

— Le peu de fortune qu'on me reproche, repartit Apolline, contente mes vœux; je ne souhaite que le droit de vivre ignorée.

— Ou plutôt de te livrer à une chimère, de chercher à nuire à ceux que tu devrais aimer; on ne te laissera pas faire à ta fantaisie; ton frère approuve la poursuite de monsieur le marquis, j'y donne mon consentement, la chose est donc conclue; soumets-toi, tu nous en remercieras un jour.

M. Morase, en disant ces derniers mots, prit d'une part la main de Saint-Estève et de l'autre celle d'Apolline afin de les réunir toutes les deux ; mais mademoiselle de Trencavel dégageant la sienne avec une fierté modeste et reculant d'un pas :

— Jusques à présent, dit-elle, j'ai cru que monsieur était de ma classe, maintenant son insistance me fait craindre que je ne me sois trompée ; je me suis expliquée avec lui, il sait la cause de mon refus; sa conduite désormais me prouvera si j'ai été ou si, à cette heure, je suis dans l'erreur à son égard.

Elle accompagna ce propos d'une révérence, et profitant d'une porte dérobée placée tout auprès, et qui s'ouvrait dans les dégagemens de l'appartement intérieur, quitta son oncle et Saint-Estève confondus.

Le dépit de ce dernier était extrême, le mécontentement du premier sans égal; il voyait à la fois manquer le mariage d'Apolline, et fort incertain celui qu'il se flattait de conclure entre sa fille et le duc de Minotaro ; il ne doutait pas que celui-ci ne fût d'accord avec mademoiselle de Trencavel. Comment fallait-il s'y prendre pour les séparer? il se le demandait, et en même temps se confondait en excuses devant le prétendu marquis, lui promettant qu'il dompterait ce caprice de pensionnaire, et que, s'il persistait à vouloir mademoiselle de Trencavel, elle serait certainement à lui.

— La résistance de cette belle personne, dit Saint-Estève, attise ma flamme au lieu de la diminuer. Je ne souhaite que cet hymen, et, pour vous en fournir la preuve, je consens à recevoir en consignation la dot qui lui revient; certes je ne peux donner une plus forte garantie de la sincérité de mes intentions.

— La dot, répéta Morase avec une sorte de surprise, une aussi faible somme n'est sans doute d'aucun prix aux yeux d'un aussi grand seigneur que vous? Elle sera mieux en mes mains et, au bout de quinze à vingt ans, je vous la rendrai amplement augmentée; mais je devine ce que vous souhaitez, c'est de me remettre un acte simulé constatant le dépôt que je vous aurai fait des trente six mille francs qui reviennent à Apolline.

— Non, non pas, s'il vous plaît, repartit gravement Saint-Estève; ma loyauté bien connue m'interdit de me prêter à tout contrat dont chaque condition n'aurait pas été scrupuleusement accomplie; j'ai entendu parler d'une dot en nature et non pas d'une dot simulée.

— Mais vous êtes si riche !

— L'êtes-vous moins, monsieur Morase, et pourtant quel est l'argent qui dort dans votre bourse ?

— Je suis négociant et vous gentilhomme.

— Ah! monsieur Morase, et l'égalité !

Ceci fut dit en riant. Saint-Estève ayant reconnu que l'heure n'était point favorable pour conduire à bout sa fourberie, craignait que l'industriel, si soigneux de conserver les sommes confiées à sa prudence, ne conçût des soupçons de son empressement à vouloir les posséder. Morase, charmé de ramener la conversation en dehors d'une discussion sérieuse, se mit également à plaisanter. L'intrigant lui dit alors :

— Je cherche à me tromper, à me faire violence sur la vivacité du coup que je viens de recevoir ; mais, je vous en supplie, conservez-moi votre bonne volonté et le temps me fera raison du caprice de mademoiselle de Trencavel.

La conversation fut ici interrompue par le retour de madame Doussel et d'Astasie; toutes les deux impatientes de savoir le résultat de la démarche du marquis, elles ne furent pas peu désappointées lorsqu'elles apprirent ce qui s'était passé. Astasie eut beaucoup à faire pour cacher son chagrin devant Saint-Estève; mais celui-ci, las d'une situation désagréable qui se prolongeait outre mesure, prit congé de la compagnie et courut s'enfermer chez madame de Mareil, dont il attendit le retour.

Dès qu'il fut sorti, Astasie se livra à tout son courroux, attaqua sa cousine qui n'était pas là pour lui répondre, déclarant que jamais elle ne la reverrait de sang-froid.

—Qu'elle sorte de la maison ! qu'elle disparaisse! pourquoi l'avons-nous recueillie? je veux le duc de Minotaro, et si je ne fais pas à ma fantaisie j'en mourrai, certainement.

L'explosion de cette colère effraya M. Morase et sa sœur; ils pensaient comme Astasie et souhaitaient également le mariage qu'elle désirait avec tant de vivacité; ils la conjuraient de prendre patience, de ne pas se désespérer, disant qu'Apolline serait contrainte à prendre le marquis de Saint-Estève, que si elle ne le faisait pas on la punirait sévèrement ; mais que plus la circonstance était critique, mieux il convenait de prendre des mesures propres à la déterminer au gré de tous ; que par conséquent il importait de ne point laisser percer le secret dont le duc s'enveloppait tant que lui-même ne le dévoilerait pas.

— Nous aurons plus d'avantage à laisser croire que ma nièce aime notre égal et pas le sien.

— Pas le sien ! répliqua Astasie encore plus irritée, est-ce que vous lui concédez son odieuse noblesse ! Je la lui conteste ; elle ne la possède pas, on perd tout en tombant dans la misère. Oh ! si on pouvait lui enlever ces trente-six mille francs qui la rendent si fière !

— On le peut, dit le négociant d'un voix concentrée.

— Ah ! si c'est possible qu'elle éprouve les horreurs du besoin, alors il faudra bien qu'elle se marie selon votre volonté.

M. Morase aurait pu représenter à sa fille

que le duc de Minotaro pouvait toujours changer le sort d'Apolline en se nommant. Il n'en fut rien; ayant pitié du chagrin d'Astasie, et lui-même d'ailleurs ayant ses raisons pour s'attacher aussi à cette ancre d'espérance. On résolut en conseil de famille de ne rien négliger pour mener cette affaire à bien, et il fut arrêté en outre que l'on suivrait aveuglement là-dessus les avis de madame de Mareil, dont l'habileté fut proclamée supérieure à tout autre.

Peut-être la prudence aurait voulu qu'avant d'accorder à celle-ci une aussi haute confiance, on se fût enquêté avec plus de soin de ce qu'elle était et d'où elle venait.

Il y a une certaine société ou véritablement on ne juge les gens que sur l'apparence, où l'on ne demande rien au-delà de ce qu'on voit à celui qui brille. Est-ce bienveillance ? je ne le crois pas ; c'est une froide indifférence et un espoir de profiter de sa fortune qui se montre sous des dehors pompeux ; il en advient souvent que l'on est dupé par un fripon ou joué par une femme de conduite irrégulière. On ne peut s'en plaindre ; car, dans l'espérance d'en tirer parti, on a refusé de s'éclairer sur leur compte

Il faut en général se défier de ces personnes qui connaissent tout le monde, et que nul ne connaît. En agissant ainsi, les Morase auraient appris à qui ils avaient à faire, et se seraient défiés sagement de madame de Mareil et de son *illustre ami*.

## CHAPITRE XVI.

*Nunquàm animum quæstus gratiâ ad malas adducas partes.*

Que l'amour du gain ne vous fasse jamais prendre un mauvais parti.

TÉRENCE, l'*Hécyre*, acte V, scène II.

# Une Prétendue majeure.

— Tu m'as mis en tête une sotte idée et dont je serai nécessairement la dupe, dit Saint-Estève à sa complice lorsque celle-ci rentra ; car il était à l'attendre depuis sa sortie de chez les Morase. A la suite de ce début il conta ce qui s'était passé, et comment mademoiselle de Trencavel s'était opiniâtrée à refuser son hommage.

— Ce n'est pas faute d'avoir fait de mon mieux, poursuivit-il; j'ai déployé mon génie, il ne m'a pas servi : j'ai été repoussé avec perte et néanmoins je ne peux consentir à céder la victoire, et quand tu devrais éternellement te moquer de moi, je t'avouerai...

Il s'arrêta.

— Quelle folie passe par ta cervelle extravagante? dit madame de Mareil avec mauvaise humeur.

— Que je me crois amoureux de cette petite fille.

— En fait d'étourderies, il n'en est aucune que tu te refuses; celle-là n'est pas au-dessous des autres du moins : t'engagera-t-elle à soutenir la gageure ?

— Et jusques au bout, encore. Une jolie femme et quelque argent? suis-je homme à les abandonner sans y être contraint par une volonté étrangère? Non, certes. Mais comment parvenir à ces deux conquêtes? on me les dispute également. L'oncle me paraît âpre à retenir les espèces ; Dieu sait si même il les comptera le jour de la noce.

Saint-Estève rapporta aussi les scènes qui avaient eu lieu, soit avec Apolline, soit avec Morase. Madame de Mareil en argua qu'il fallait tenter les grands coups. Déjà elle avait allumé une jalousie sourde dans le cœur du jeune amant ; il convenait de l'attiser, ce qui serait facile, et elle fit part à Saint-Estève du plan conçu à ce sujet. Il le trouva admirable, et lorsqu'il se retira il partit moins abattu. Quant à l'intrigante, au lieu de se coucher elle passa chez madame Doussel, qui veillait encore avec Astasie. On fit à la survenante un accueil d'autant meilleur qu'on croyait avoir besoin d'elle.

A son tour, madame de Mareil assura la tante et la nièce de son dévouement, leur déroula, comme elle l'avait fait à Saint-Estève, son projet malfaisant, dont une des conditions premières était qu'elle passerait en apparence dans le parti d'Apolline.

— Il est nécessaire, dit-elle, que mademoiselle de Trencavel fasse des imprudences, et comment le pourra-t-elle si on ne la conseille pas mal? il faut qu'elle prenne en moi de la confiance, que je la console, l'aide, la soutienne, que je me brouille à demi avec vous deux, par-là elle s'attachera à moi et il me sera facile de la conduire dans vos intérêts.

Le dévouement de madame de Mareil fut élevé aux nues. C'est l'usage lorsque nous trouvons des complices pour travailler avec nous dans un but répréhensible ; on admet la sincérité de leur amitié, on anoblit leurs intrigues sans faire attention que puisqu'ils font le mal pour notre profit, ils peuvent le faire dans le leur à notre désavantage.

On convint que l'on se verrait avec mystère, que l'on s'écrirait en cas de besoin, et on se sépara bien déterminé à ne reculer devant aucun acte qui amènerait le triomphe de la cabale.

—Oh! se dit, madame de Mareil lorsqu'elle retourna dans son appartement, voici une foule d'incidens divins qui se disposent pour mon roman ; certes, on ne les accusera point de n'être pas pris dans la nature.

Pendant que ces choses se passaient, Léopold s'était rendu chez madame Robin, rue de la Monnaie, où on l'attendait. Il trouva la dame sous les armes, c'est-à-dire surchargée de plumes, de fleurs, de dentelles, couverte de diamans; elle en avait aux doigts, aux bras, au cou, à la tête, aux oreilles, à la ceinture, aux manches ; on aurait cru que nommée tout nouvellement dame du palais de la royauté citoyenne, elle allait ce même soir faire son service. Léopold fut ébloui de tant d'éclat, bien que l'instinct de la bonne compagnie, qui le guidait souvent, lui fît trouver étrange cette manière de se vêtir lorsque l'on demeurait chez soi.

L'âge de madame Robin disparaissait à moitié sous cette profusion d'affiquets. Son embonpoint était moins heureusement déguisé, malgré le travail d'un corset mécanique, et l'aide d'une robe de velours noir; la gorge, rebelle, entre autres, débordait du haut, du bas, et par côté, avec une profusion divertissante. La figure était passable, bien que ce fût là une beauté à traits communs. Mais enfin, grâce à une couche de bleu adroitement dissimulée, et à un doigt de rouge, qui se manifestait mieux, la veuve du maître entrepreneur pouvait se donner vingt années de moins, afin que dans la contestation on lui en accordât dix ou douze.

Elle était seule; sa fille ayant été soigneusement écartée, au moment de la première entrevue. Léopold traversa la salle à manger, où par les soins de madame Robin on venait d'amonceler sur la table, les buffets et les servantes, une grande quantité de vaisselle et d'ustensiles, le tout en argent bien massif et contrôlé. L'illumination était de son côté complète, pas en bougies, mais au moyen de chandelles économiques, ce qui produisait, prétendait-on, un aussi beau résultat. Le meuble du salon, soigneusement recouvert de ses housses, une heure auparavant, brillait alors dans toute sa magnificence. Un feu énorme remplissait la cheminée; il jetait d'autant plus de flamme qu'il provenait non de grosses bûches de chêne, mais de menu bois fendu; ce qui annonçait la parcimonie habituelle de la maison. En un mot, là, comme dans toutes celles du même genre, la lutte était patente entre une magnificence mal comprise et des usages mesquins, journaliers.

La réception fut analogue à tout cela. Madame Robin prétendait ne point perdre la suprématie qu'elle se concédait, en vertu de sa fortune; et en même temps, instruite qu'un homme de qualité était en sa présence, elle voulait lui accorder des égards extraordinaires qu'elle aurait refusés à quelqu'un du commun. En conséquence, elle se leva pour le saluer, mais ne lui fit donner qu'une chaise; le qualifia de monsieur le comte au début, et puis l'appela souvent mon cher avocat.

Ce qu'elle fit avec le plus de soin fut de l'examiner dans tout l'ensemble de sa personne, il ne pouvait pas perdre à cette façon de prendre son signalement : beau cavalier, à la physionomie charmante, élégant dans sa taille, grand et bien proportionné à la fois, il plaisait par un mélange de fierté et de douceur particulier, ses yeux noirs, sa chevelure bouclée, le soin que philosophiquement il donnait à sa parure; tout enfin le rendait très-remarquable, et une absence absolue de prétentions achevait d'intéresser ceux qui, à la première vue, avaient été frappés de ses avantages.

Madame Robin, lorsqu'elle eut acquis la preuve que pas un des ouvriers ou des subordonnés de feu son mari ne valait le comte de Trencavel, s'applaudit de la bonne idée qu'elle avait eue de choisir celui-ci pour convoler en secondes noces. Il en résulta que sans s'en douter elle descendit de son rôle de souveraine pour entrer dans celui d'une amante timide. Elle se mit à jouer l'émotion et l'embarras, ne s'occupa plus de l'*affaire importante* qui, d'abord, lui avait fait appeler Léopold; elle remplaça ce texte de conversation par le calcul de sa fortune, l'état de ses domaines, le nombre de ses rentes, comme elle avait gagné *gros*, comme elle était sensible, confiante, désintéressée.

— Ah! monsieur le comte, dit-elle, qu'une veuve dont le cœur est tendre et qui ne sait fermer sa bourse est à plaindre! j'aurais bon besoin d'un ami capable de me guider et de soutenir surtout le procès que ma coquine de fille ne tardera pas à m'intenter.

— Votre fille, madame! s'écria Léopold.

— Oui, mon cher garçon, ma coquine d'Elmonde, une drôlesse, sotte, impertinente, mal élevée, sans vertu aucune, presque laide ; mais avide, intéressée, rusée au possible, qui veut compter avec moi de clerc à maître, et me redemander, au nom de feu M. Robin, ce qu'elle sait être légitimement à moi. Méfiez-vous d'elle, ne croyez ni ses paroles ni ses regards, elle s'en fait accroire, s'imagine qu'elle aura une grosse dot; je tâcherai de la tromper dans son espérance, et, en châtiment de ses mauvais procédés, j'assurerai tout ce que je possède à mon cher époux.

Madame Robin, jugeant d'autrui par son propre caractère, ne doutait pas que Léopold, ébloui par de tels propos, ne se hâtât de solliciter un hymen qui le placerait à la tête d'une richesse considérable; il n'en était pas ainsi : Trencavel, indigné des sentimens rapaces et contraires à ceux d'une mère que manifestait celle-là, se contraignait pour ne pas lui faire connaître l'impression défavorable qui remplissait son cœur, et plus encore le dégoût dont il était abreuvé. Il lui fut impossible néanmoins de le taire, et prenant la parole, il se récria sur les pensées hostiles à sa fille qui animaient madame Robin; il parla avec la chaleur d'une ame délicate sans faire aucune impression sur celle de la veuve, incapable même de comprendre de tels procédés.

— Non non, fut-il répondu, je ne laisserai rien à ma fille de ce que je pourrai lui prendre, elle agirait ainsi à mon égard; plus on se rapproche dans le sang dans les familles, plus on est ennemi naturel.

Cette horrible maxime confondit Léopold; il ne songea plus qu'à se retirer, bien déterminé à ne pas se mêler désormais des affaires d'une pareille furie, lorsque Elmonde entra subitement. Loin d'être laide ou à peu près, ainsi que le prétendaits a mère, elle était véritablement jolie; mais manquait de grâces nobles et dignes. Vainement était-elle vêtue en demoiselle de *haut genre*, expression qu'Elmonde employait souvent. La grisette leste et accorte demandait par ses manières la magnificence de sa parure.

Sa mère, en la voyant, pâlit sans doute; car, bien que cette manifestation d'un trouble de l'ame ne pût se montrer sur un visage fardé, il en parut quelque chose au trouble qui remplit ses yeux, et en même temps d'une voix aigre où la colère dominait:

— Que viens-tu faire ici, insolente? ne t'ai-je pas ordonné de demeurer dans *tes appartemens*? Figurez-vous, monsieur le comte, poursuivit la veuve en se tournant vers Léopold, qu'elle a cinq chambres à cheminée que je pourrais louer gros.

— En vérité, ma mère, repartit Elmonde en riant, et sans que le courroux maternel parût lui causer le moindre souci, est-il raisonnable de me *confisquer* en solitude, tandis que vous êtes ici à caqueter avec un beau monsieur? Encore si moi aussi j'en avais un à ma fantaisie pour m'aider à passer le temps; mais point, il vous faut tout, mère Robin, et vous n'accordez rien à la pauvre Elmonde.

—Voyez un peu cette débauchée! est-ce assez d'effronterie? Quoi! morveuse, il vous faut déjà des hommes! On vous donnera le fouet, et je vous mettrai au couvent.

— Je n'irai pas : je suis demoiselle libre, et j'ai assez d'écus pour me marier lorsque je le voudrai.

— Misérable! tu te révoltes, tu t'obstines, je t'assommerai... Eh bien! monsieur le comte, comprenez-vous maintenant la nécessité où je me trouve de prendre un *second* pour m'aider à morigéner cette extravagante ?

— Et moi, ma douce mère, je commencerai par le *premier*, afin que mes intérêts ne soient pas compromis; monsieur de Trencavel, je vous avertis que madame Robin n'est pas aussi *fortunée* qu'elle se vante de l'être, et que j'aurai de fortes reprises à répéter sur ses biens et sur son douaire.

Léopold, affligé de se trouver présent à une contestation aussi hideuse, ne comprit point la portée de l'assertion malicieuse d'Elmonde; mais madame Robin, qu'elle frappa au cœur, repartit avec une aigreur véhémente :

— Ne la croyez pas, monsieur le comte, mes livres de raison sont en règle ; il me restera quatre-vingts bonnes mille livres de rente pour faire le bonheur d'un époux.

— Et à moi tout autant, dit Elmonde, et comme je suis nécessairement plus jeune et plus jolie...

— Scélérate! s'écria la digne mère, en se levant comme une furie pour se précipiter sur sa fille; je te réduirai à l'aumône, et tu auras ma malédiction avec! sors de devant moi, si tu ne veux que je t'assomme!

L'étourdie avait déjà gagné la porte, qu'elle tenait entrebaillée, afin d'assurer ainsi sa retraite.

—Là, la maman Robin, dit-elle, ne faites pas tant la méchante, ce n'est guère le moyen de vous embellir, et si pourtant faut-il être belle, lorsque l'on a le projet de se consoler en secondes noces avec un homme de qualité.

Ce dernier trait lancé, Elmonde recula, ferma la porte, et disparut. Léopold, cette fois, ne put se méprendre au sens des paroles qu'elle venait de prononcer, et que lui confirma la colère imprudente de la folle veuve.

— Oui, s'écria cette dernière, je me marierai à ma fantaisie, et donnerai jusqu'à mon dernier sou à celui que je prendrai. Ah! monsieur le comte, vous aurez pitié d'une pauvre veuve, et l'aiderez à se venger d'une aussi méchante enfant?

— Madame, répartit Léopold, de telles discussions sont si pénibles qu'il convient de les ensevelir dans un silence profond; quant à moi, je ne peux m'en mêler plus long-temps, et vous prie de chercher un autre conseil, je suis d'ailleurs trop peu instruit dans les affaires contentieuses...

— Mais, mon cher garçon, ce sera la vôtre propre que vous défendrez.

— La mienne, madame! je pense que non.

— Vous serez, comme on dit, mon seigneur et mon maître.

Et cette déclaration positive eut lieu d'un ton de plaisanterie jouée et de pudeur alarmée non moins fausse, la veuve Robin voulant ne paraître avouer sa défaite que par la force de sa passion. Léopold, confondu de tant d'effronterie, et rougissant pour cette folle, repartit qu'il appréciait l'honneur qu'on lui destinait; mais qu'il ne l'accepterait pas, se trouvant trop jeune pour se marier, et qu'il remettrait à dix années au-delà le moment de devenir époux et peut-être père.

— Savez-vous ce que vous refusez? repartit vivement madame Robin; connaissez-vous les grands biens qui aideraient à soutenir votre noblesse? le talent que je mettrais à la faire valoir? Ce que possédait M. Robin, il le devait à mon intelligence; j'étais sans cesse *sur le dos* de ses ouvriers, et vous verrez comme je me remuerai à la cour, jusqu'à ce que l'on ait fait de vous un personnage. D'ailleurs, mon enfant, j'ai réglé le cas avec votre oncle, et vous devez me regarder comme votre fiancée.

Le dégoût de Léopold allait grandissant, à mesure que cette femme perdait toute retenue. Je ne m'arrêterai pas à décrire le reste de cette scène, qu'il dut brusquer pour la faire finir convenablement, et lorsqu'il se retira, ce fut en emportant sa part des imprécations que madame Robin avait adressées à sa fille.

## CHAPITRE XVII.

Là où l'intérêt est froissé, là sont rompus les nœuds du sang.

*Recueil de Maximes.*

# Querelles de Famille.

Léopold de Trencavel, peu disposé à remercier son oncle de l'établissement qu'il lui avait ménagé, ne se soucia pas de le revoir avant le lendemain. Il rentra sans faire de bruit, et monta dans sa chambre, où il se tint renfermé jusqu'au retour du chevalier de Lens, auquel il voulait faire part des événemens de la journée. Cette retraite le sauva de l'embarras dans lequel il se serait trouvé entre sa sœur, dont il n'approuvait pas le refus, et les Morase, dont la mauvaise humeur lui serait déplaisante. Il ferma les volets pour que la lumière ne le décélât pas, et se mit à lire jusqu'à onze heures. Il entendit alors le chevalier de Lens, dont l'appartement modeste était auprès de sa chambre. Il fut vers le vieillard, qui paraissait prendre à lui un vif intérêt, et l'instruisit des prétentions du marquis de Saint-Estève envers Apolline, et de celles de la veuve Robin sur lui-même.

Le chevalier entendit, sans manifester aucune opinion, la première partie de cette confidence; mais, la deuxième à peine achevée, il fit un bond sur son fauteuil, et regardant Léopold avec de yeux remplis de colère :

— Morbleu ! s'écria-t-il, si vous donniez votre consentement à un mariage aussi méprisable, je vous étranglerais de mes mains !

— C'est un supplice, repartit Léopold, avec gaieté, dont je ne périrai pas, car mon intention n'est point d'épouser cette personne ; que cela ne vous inquiète point.

— Hélas ! lui repartit le chevalier, en ce siècle positif, tout est croyable, je gage qu'à part moi, cent autres des plus nobles de la ville regarderaient l'affaire comme excellente, et vous engageraient à la conclure sur-le-champ. Ah ! Léopold, la règle de conduite universelle de l'époque part du vers de Boileau :

<blockquote>Quiconque est riche est tout.</blockquote>

— Je le sais, monsieur, il y a pourtant des exceptions à la règle.

— Et je suis heureux que vous en fournissiez une, dit le chevalier avec pleine effusion de cœur ; or donc, puisque je n'ai pas à m'inquiéter de votre fait, parlons de votre sœur. Vous approuvez donc la poursuite de ce Saint-Estève ?

— Il est fils naturel d'un souverain d'Allemagne, il est ce que veut le siècle, et son extérieur ne me déplaît pas.

— Je ne sais pourquoi, reprit le chevalier, je suis prévenu contre ce personnage; l'illégitimité de sa naissance, bien qu'illustre d'ailleurs, m'est désagréable, et puis il faut savoir si tout cela est vrai.

Léopold regarda avec étonnement l'interlocuteur, qui poursuivant:

—Vous êtes encore dans toute la candeur de votre âge; ma longue expérience me rend plus soupçonneux : croyez-moi, ne pressez rien; votre sœur est une enfant, et si ce M. de Saint-Estève en est réellement amoureux, des délais ne feront qu'accroître la vivacité de sa passion. Pendant ce temps, je prendrai des informations auprès du corps diplomatique, je causerai avec le marquis, et vous rendrai raison de cet homme.

— Je voudrais, dit Léopold, que ma sœur s'éloignât de Rinaldi.

— Et vous avez raison; car celui-là dans sa roture me produit l'effet d'un gentilhomme de nom et d'armes, et par conséquent est plus dangereux.

La conversation se prolongea encore, et, lorsque Léopold se retira, il fut encore plus étonné de l'intérêt que le chevalier de Lens prenait au reste de la famille de Trencavel.

Le lendemain, la paix de la maison Morase fut loin d'être rétablie. Une double explication eut lieu d'abord entre l'oncle et le neveu; celui-ci tout à la fois refusa pour sa part l'alliance projetée avec madame Robin, et ceci au grand mécontentement de l'industriel; et pour le compte de sa sœur, il refusa tout accord avec ceux qui voulaient la contraindre à se marier sans délai avec M. de Saint-Estève.

— Tu trouvais hier le parti excellent? dit M. Morase.

— Je ne change pas d'idée; mais, comme nous ne connaissons que très-imparfaitement ce noble étranger, il convient, avant de se lier d'une manière irrévocable, de savoir si tout ce qu'il annonce est vrai.

— Madame de Mareil répond de lui.

— Qui nous répond d'elle-même? qui est-elle? permettez-moi de vous le demander, c'est votre locataire.

— Qui paie bien, et dès lors...

— Un peu de délai ne nuira point.

— J'ai donné ma parole.

— Ne la retirez pas, on doit être satisfait.

— Je veux me débarrasser d'Apolline.

— Mon oncle...

— Je suis las de la voir ici, vous croyez à vous deux que je vous en dois de reste, sortez de cette erreur; toi tu épouseras la Robin, elle, le marquis de Saint-Estève; ou vous quitterez les lieux, j'en ai assez de tant d'arrogance et d'ingratitude.

La dureté de ce propos causa une surprise douloureuse à Léopold; son cœur néanmoins s'en révolta, et il allait accéder à l'*ultimatum* de son oncle; mais celui-ci ne lui en donna pas le temps, car il sortit avec vivacité du cabinet, laissant son neveu incertain sur ce qui résulterait de cette mauvaise humeur.

Les choses n'allaient pas mieux entre madame Doussel, Astasie et Apolline : l'insistance des deux premières pour amener mademoiselle de Trencavel à leur but demeura sans succès. Apolline, avec un mélange de retenue et de fermeté, se maintint dans sa résistance, et déclara solennellement que jamais elle ne consentirait à son union avec le marquis de Saint-Estève.

La digue alors fut rompue ; les injures, les outrages succédèrent aux raisonnemens. La colère, égarant Astasie, la porta aux dernières violences, aidée en ceci par sa tante, qui, manquant de délicatesse, croyait l'emporter en ne ménageant plus rien. Au milieu de ce débat, madame de Marcil arriva ; on la prit pour juge ; on exagéra les torts d'Apolline ; mais elle, au lieu de se tourner du parti des assaillantes, se mit à dire :

— Je devrais être la première à me fâcher contre mademoiselle de Trencavel ; car enfin c'est moi qui ai proposé le marquis de Saint-Estève, et cependant je ne peux condamner un cœur qui ne peut aimer à la volonté des autres.

— Ainsi, s'écria madame Doussel, vous la soutiendrez dans sa révolte?

— Je pense qu'on doit la laisser agir à sa fantaisie.

— Eh bien! puisqu'il en est ainsi, repartit la veuve en s'échauffant plus encore, je vais signifier à mon frère, ou que je sortirai de la maison, ou que cette arrogante épousera un homme qui lui fait trop d'honneur que de la vouloir, malgré l'extravagance de ses caprices; c'est une entêtée, une ingrate.

— Madame, dit Apolline, ce ne sera pas vous qui partirez, ce sera moi.

— Oui, dit Astasie, afin d'être libre de suivre les penchans désordonnés de votre cœur; il n'en sera pas ainsi, mon père vous mettra en bon lieu où l'on surveillera votre conduite.

Apolline ne daigna pas répondre, et se tournant vers l'intrigante qui la trompait en ce moment par une feinte amitié.

— Madame, lui dit-elle, obtenez de mon oncle la permission de m'éloigner d'une maison que, malgré moi, je remplis de trouble.

Je n'enlève à personne un amant aimé, je refuse, et il me semble que c'est mon droit.

— Vous êtes une créature aussi fausse que maligne, s'écria Astasie, poussée à bout. Vous dissimulez vos sentimens, et on sait...

— Mademoiselle Morase, dit madame de Mareil, l'intérêt que vous portez à votre cousine vous égare. Ce qu'Apolline propose est raisonnable, et je consens à traiter avec son oncle ce point important.

Alors la tante et la nièce se déchaînèrent également contre la protectrice d'Apolline, la blâmant de la soutenir dans son insubordination; une petite malheureuse! On reprocha à mademoiselle de Trencavel ses infortunes, son peu de bien. On alla si loin que madame de Mareil crut devoir lui dire.

— D'après ce qui se passe, ma chère enfant, je prévois l'impossibilité de prolonger votre séjour ici. Je vais voir votre oncle, m'entendre avec lui pour qu'il vous confie à ma garde. Vous verrez chez moi l'estimable marquis de Saint-Estève; mais du moins sera-t-il seul à vous parler de son amour.

La comédie, comme on voit, fut parfaitement jouée de part et d'autre. Apolline ne put soupçonner l'accord secret de madame de Mareil avec les Morase, et son cœur s'ouvrit à la reconnaissance en vertu de l'aide qu'elle en obtenait. L'intrigante la quitta pour aller vers l'industriel ; ils eurent ensemble une conversation secrète, et au retour madame de Mareil apprit à Apolline que son oncle consentait à ce qu'elle vînt passer quelques jours dans son appartement ; ce nouveau domicile, poursuivit l'intrigante, ne vous éloignera pas de l'ancien. Les apparences seront sauvées, et j'aurai plus de facilité à négocier un raccommodement sincère.

Tout se faisait avec tant de rapidité qu'Apolline ne sut comment elle devait se conduire. Elle aurait bien voulu voir son frère, prendre son avis ; mais le temps manquait, il entrait dans le complot tramé contre elle de la soustraire à la facilité de voir à chaque instant Rinaldi Fontoreza. On ne pouvait bannir ce dernier de chez les Morase, tandis qu'il ne serait admis que difficilement chez madame de Mareil.

Ce point ainsi réglé, Apolline eut à peine quelques minutes pour faire emporter ses effets. Son oncle refusa de la voir, elle partit véritablement affligée autant en raison des procédés qu'on avait à son égard que par la certitude que Rinaldi ne la verrait pas.

Ce fut par un billet qu'elle instruisit Léopold de tout ce qui se passait. Léopold était au Palais depuis le moment où son oncle l'avait quitté avec tant de brusquerie. Il ne se doutait pas que, pendant son absence, on mettait déjà à exécution la menace qui lui avait été faite. Sa surprise égala son mécontentement; il communiqua d'abord au chevalier de Lens la nouvelle affligeante qu'il recevait.

— Armez-vous de patience, repartit celui-ci, la lutte est entamée entre la richesse arrogante et la noblesse malheureuse: l'inégalité des moyens donne par trop d'influence à la première. Je crois que le destin doit venir au secours de votre sœur, et ceci aura lieu prochainement, je le mets hors de doute.

Léopold écouta avec peine la fin de ce propos qui lui faisait craindre un affaiblissement dans la raison de son vieil ami. Le chevalier s'aperçut de sa surprise, en devina la cause, et ne se mit point en mesure de la calmer; il engagea seulement Trencavel à courir voir sa sœur pour la consoler dans sa mésaventure, et à lui faire mieux espérer de l'avenir.

Léopold consentit à faire ce que désirait le chevalier de Lens; mais en même temps il lui dit que tant qu'on prolongerait cette espèce d'exil de sa sœur, il ne voulait point paraître l'approuver, en prenant place à la table des Morase, et qu'en conséquence, et à dater de ce jour, il cesserait de s'y montrer. Tout ce qui avait quelque rapport avec la fierté féodale plaisait au chevalier, il approuva Léopold à condition cependant qu'il viendrait manger avec lui.

— Non aujourd'hui pourtant, car je suis invité chez les Morase, et je tiens à voir comment on excusera votre double absence; mais à dater de demain.

Cette offre fut faite avec tant de franchise que Léopold l'accepta, néanmoins il dit :

— Mais chevalier, je ne vous crois guère plus riche que moi, et vous trouverez bon que je paie ma pitance.

— Volontiers, lui fut-il reparti en riant, si, à la fin du mois, vous pensez que cela soit toujours nécessaire.

# CHAPITRE XVIII.

Ceux qui croient n'avoir plus besoin d'autrui deviennent intraitables.

LAROCHEFOUCAULT, *Réflexions morales*.

# Des Gens du Jour.

―•―

C'était un jour de grande réunion chez les Morase. Trente convives s'assirent à leur table servie avec cette magnificence qui saisit les ladres lorsqu'ils se décident à se mettre en frais. Là se trouvaient réunis les personnages déjà connus du lecteur : le général baron de Malvière, le député Jusan, M. Varien, que j'aurais dû nommer en tête, à cause de son crédit au château des Tuileries, maître Denisal, avocat, consultant, plaidant et loquace par excellence au milieu de ses confrères; Stephen Barrel, son pupille, qui allait gâter, par ses ridicules, une existence honorable; mais pouvait-il s'en défendre, lorsque lui partiellement était atteint de l'épidémie de l'époque, celle d'être original : ce qu'on cherche à établir en copiant le plus exactement possible un mauvais modèle dans lequel tout trahit une imitation maladroite. Le professeur Grassot, machine stupide à force d'orgueil, torrent perpétuel de paroles inutiles, et d'autant plus haineux envers ceux qui inventent que lui-même est incapable de penser. Le monde est plein de ces pédans de collége qui passent leur vie à s'admirer et à jalouser les autres; pauvres gens poursuivis du désir de produire de l'effet, et qui passent inaperçus; le marquis de Saint-Estève ne manquait pas, non plus que le marron Roncal, drôle sans conséquence au dire du maître de la maison, et qui néanmoins en réalité exerçait sur celui-ci une influence marquée. Urbain Morase était auprès de lui, place autrefois réservée à Rinaldi Fontoreza; mais ce dernier en occupait une plus honorable à la droite de madame Doussel.

Plusieurs négocians, quelques gens de loi achevaient de composer le nombre des convives; j'oubliais le chevalier de Lens. A part, les femmes de la maison, là on voyait encore madame Robin et mademoiselle Elmonde sa fille, et deux ou trois merveilleuses du marais; mais deux places restèrent vides. M. Morase ayant oublié de les faire supprimer, celles de Léopold et d'Apolline.

Rinaldi fut le premier à s'apercevoir de l'absence du frère et de la sœur, il s'en étonna, et ses regards cherchèrent à qui il pourrait s'informer de la cause qui privait ainsi la société Morase de son plus bel ornement; il aurait souhaité que madame de Mareil fût présente, mais elle aussi manquait, ayant cru en cette circonstance devoir dîner chez elle, afin de faire les honneurs de son appartement à mademoiselle de Trencavel.

Rinaldi hésitait à qui il demanderait des nouvelles de mademoiselle de Trencavel et de son frère, lorsque le chevalier de Lens, avec une bonhomie toute malicieuse, et adressant la parole à l'amphitryon :

— Qu'est-ce que ceci, monsieur Morase, votre table n'est pas complète, il manque votre neveu et votre charmante nièce ?

Rinaldi, à cette question, aurait embrassé volontiers le chevalier de Lens, qui répondait si bien à sa pensée. M. Morase, occupé à répondre à un de ses voisins, n'entendit pas le chevalier; mais la balle lancée n'alla pas tomber à terre ; la veuve Doussel se hâta de la relever, et élevant la voix afin de se faire bien entendre de toute l'assemblée :

— Certes, monsieur, l'un et l'autre de ceux que vous nommez feront faute dorénavant à notre honorable compagnie. Nous sommes bien punis, M. Morase et moi, de tant de soins prodigués et de notre tendresse : le frère et la sœur sont des monstres d'ingratitude, de folie, d'audace, et, nous ne nous en embarrasserons plus.

— Cela est injuste, s'écria Rinaldi avec impétuosité, mademoiselle de Trencavel ne peut mériter de telles épithètes...

— Fort bien, jeune homme, soyez ardent à la défendre; cela convient-il? cela est-il délicat?

— Allons, ma sœur, dit le maître de la maison d'un ton solennel, pourquoi dévoiler ainsi les secrets de famille, nous avons à nous plaindre de deux insensés. Eh bien! il faut s'envenger en les obligeant encore, quoiqu'ils ne le méritent pas.

— Eh bon Dieu! reprit le chevalier de Lens, quel crime ont-ils pu commettre?

— Le plus répréhensible, répondit M. Morase, la désobéissance à la tendresse de leurs parens : j'avais conclu pour eux des mariages au-dessus de leurs espérances, de pauvres qu'étaient mon neveu et ma nièce, je les faisais passer dans la classe des éligibles, et mieux encore, je comblais les vœux que raisonnablement ils pouvaient former; eh bien! ni l'un ni l'autre n'a voulu répondre à mes soins, ils se sont révoltés avec une arrogance sans pareille, aussi les ai-je bannis de ma présence. Et que deviendront-ils maintenant avec dix-huit cents livres de rente?

Et M. Morase leva les épaules en confirmation du dédain profond que lui inspirait une fortune aussi mesquine. Pendant qu'il parlait, Saint-Estève, au supplice et furieux de cette maladroite inconvenance, tâchait de prendre un air indifférent, afin de ne pas attirer sur lui l'attention de la compagnie. Madame Robin, mue par une impulsion opposée, baissait et levait tour à tour les yeux, penchait sa tête, et montait son visage à une expression de mélancolie ridicule. Elle prétendait enlever la pitié qui s'attache aux grandes infortunes; mais elle manœuvrait en vain, nul de ceux qui étaient là, à part les Morase et sa fille, ne pouvait comprendre la cause de ses grimaces et de ce désespoir affecté. Elmonde, au lieu de s'en attrister, en riait sans trop se contraindre; joyeuse d'être instruite à fond de ce qu'elle n'avait pu que soupçonner, le refus de Léopold.

Quant à Rinaldi, heureux d'entendre

une plainte qui lui répondait du cœur d'Apolline, il souffrait impatiemment d'une autre part les injures adressées à son amie ; il aurait voulu prendre pleinement sa défense, et, à diverses reprises, il s'y encouragea, mais un retour en lui-même le retint ; il se demanda s'il fallait exposer au premier choc le bonheur de sa vie, et, après avoir réfléchi, il se maintint dans sa détermination première. Il ne lui restait plus qu'à apprendre où se trouvait Apolline, il se flattait qu'on ne l'aurait pas enfermée dans un couvent.

Il se tut donc, et endura la querelle véhémente de madame Doussel et les regards vindicatifs d'Astasie ; ainsi, vers ce point de la salle, le parti Trencavel était battu pleinement. Un auxiliaire, qu'on pouvait lui supposer, le chevalier de Lens, n'ayant pas encore attaqué avec énergie, lui aussi écoutait, ainsi que le reste de la compagnie, les accusations élevées contre deux orphelins, et voyait avec dépit que personne ne songeât à les défendre.

Bien au contraire, ce fut à qui les accablerait, à qui ajouterait au reproche d'ingratitude dont ils étaient chargés par les Morase. La magnanimité de ces derniers fut au contraire portée au faîte : on vanta leur bonté, leur bienfaisance. Le général Malvière prétendit que sa mauvaise opinion touchant Léopold de Trencavel datait du jour où il avait renoncé à servir le monarque de notre choix.

— Oui! s'écria-t-il, quelle opinion avoir de celui qui se range du parti tombé?

— *Væ victis!* (malheur aux vaincus!) ajouta le professeur Grassot, qui, fier de l'effet produit par sa citation, se pavana, et, regardant tour à tour chaque convive, lança, en manière de coup de massue, cette maxime de Plaute :

.... *Ingrato homini nihil impensius est.*
Rien n'est plus insupportable qu'un ingrat.

Il y eut redoublement d'acclamations, et M. Grassot se crut du génie, parce qu'il avait assez de mémoire pour employer l'esprit des autres.

L'avocat Denisal se hâta de répliquer, et poussant un soupir :

— Eh mon Dieu! qui est plus exposé à l'ingratitude que ceux de notre profession? Avec quelle instance on réclame nos soins, nos études, notre temps ; et, lorsque tout est accordé, lorsque nous avons fait preuve de dévouement et de science, on nous refuse un pécule justement dû, on nous repousse, on nous calomnie. Nous sommes des avides, à entendre nos cliens; et sans nous que feraient-ils? comment se démêleraient-ils du dédale innombrable des lois?

— Et dans le commerce, dit Morase, les chalands nous savent-ils gré des peines infinies qu'on se donne pour les contenter? Point. Nous sommes des trompeurs, des artificieux, nous vendons de la mauvaise marchandise.

— Et les hommes, les hommes, dit à son tour madame Robin, avec quelle amertume ils traitent les pauvres femmes, comment reconnaissent-ils notre affection, ils nous quittent dès le bonheur obtenu. Je ne sais pourquoi chacune de mon sexe n'étrangle pas, l'âge de raison venu, au moins deux de ces ingrats.

Elle mit un tel feu dans ce propos, et ses mains se crispèrent tellement que le professeur Grassot, craignant qu'il ne lui vînt en fantaisie de joindre l'exemple au précepte, fit un demi-tour sur sa chaise, afin de se trouver non pas à côté mais en face de l'ennemi. Il est certain que la frayeur du professeur de langues mortes était excusable, à tel point madame Robin paraissait courroucée. L'attention des auditeurs cette fois se porta sur elle; et comme il y avait parmi eux peu de gens guidés par cette urbanité relevée que le nouveau régime regarde avec dédain, on se permit de ricaner, de s'entre-regarder avec cette mine qui ne vaut rien du tout, suivant l'expression de la marquise de Sévigné. Madame Robin, qui examinait chaque visage pour y découvrir l'effet produit par l'éclat de sa douleur, devina celui tout contraire à son attente qui se manifestait, et, vivement irritée, laissa échapper les épithètes de *gens grossiers, manans et vraie canaille enrichie.*

On ne l'entendit qu'à demi, et on ne releva pas le gant. On savait que venue originellement de la halle, elle n'avait pas perdu le souvenir de ses termes primitifs, et on continua d'accabler d'imprécations véhémentes les deux Trencavel. Il y en eut qui partirent de ce texte pour accuser la noblesse d'autrefois d'orgueil, d'arrogance et de mauvais cœur, qui la représentèrent comme avide, légère, prodigue; à les entendre, elle aurait eu tous les défauts réunis à tous les vices possibles. Elle ne paraissait représentée dans la salle à manger de l'industriel Morase que par le seul chevalier de Lens, et l'apparence presque misérable de ce champion n'imposait point, et les propos allaient leur train.

Ce n'est pas qu'il ne fît une assez belle résistance; que, par des répliques malignes, des citations spirituelles et des comparaisons entre le nouvel et le vieil ordre de choses, il ne soutînt chaudement son parti; vingt voix se réunissant pour le combattre, ne lui laissaient aucune facilité pour se faire entendre, et il expirait sous le nombre des assaillans.

Les Morase s'étonnaient que le duc de Minotaro ne vînt pas à son aide; celui-là se taisait, se montrant préoccupé d'une manière extraordinaire; son ame n'était pas présente à la discussion.

Astasie devina où Rinaldi portait son attention, et l'amertume de son ressentiment en prit une violence nouvelle; ce fut par un plus grand nombre de mots piquans, de sarcasmes peu généreux, puisqu'ils frappaient, quelqu'un qui ne pouvait les rétorquer, qu'elle poursuivit sa cousine absente; ce fut en vain, Rinaldi avait pris sa résolution et se tut, laissant au chevalier de Lens le soin de soutenir la lutte, ce qu'il faisait avec une opiniâtreté goguenarde très-propre à désespérer la majorité des assaillans.

—Parbleu, dit-il à un gros manufacturier, qui venait d'avancer en termes inconvenans une sotte opinion sur la fierté des gentilshommes, parbleu, monsieur Grimauret, je suis charmé de vous entendre parler ainsi, vous me faites espérer par ce langage que vous prêcherez d'exemple, et pas plus tard que demain; pour vous prouver combien *nous autres* sommes mal jugés par *vous autres*, je m'engage à dîner chez vous avec quelques-uns de vos ouvriers ; certes, d'après les belles choses que vous débitez, il est impossible que chacun à son tour ne mange à votre table.

A ce propos, véritable pomme de discorde, un cri universel s'éleva.

— Des prolétaires, des gens à nos gages se placer sur le même rang que nous, fi, fi ! ce serait par trop révolutionnaire.

— Grâce à Dieu, dit l'interpellé dont le nez camard avait blanchi de colère, et dont les petits yeux essayaient de lancer des éclairs, je ne suis jamais descendu assez profondément dans la boue pour m'y trouver de pair à compagnon avec des malheureux que je fais vivre, et que je ne regarde qu'avec dégoût. Je les paie exactement chaque semaine, c'est là tout ce que je veux avoir de rapport avec eux ; mais les faire asseoir à ma table, comme monsieur le présume, jamais ; je sais trop ce que doit être la subordination. Ces misérables me mangeraient dans la main, si je paraissais les croire de ma trempe.

L'assemblée applaudit vivement à la réplique de M. Grimauret. Le chevalier de Lens, loin de s'avouer vaincu, repartit :

— Et l'égalité, messieurs du commerce, comment l'entendez-vous, s'il vous plaît? ne consisterait-elle donc qu'à rabaisser jusqu'à vous la noblesse? Morbleu, si cela doit être ainsi, que du moins les ouvriers montent jusqu'à vous.

— De la canaille, s'écria madame Robin, qu'il faut caresser, afin de contenir leur insolence.

— J'ai connu dans ma jeunesse, répliqua le chevalier, des nobles insensés qui tenaient de pareils propos touchant la haute roture.

— Aussi les a-t-on fait trébucher de dessus Ossa et Pélion comme d'autres Titans, dit Grassot le professeur.

— N'est-il pas à craindre que les ouvriers, classe si malheureuse et si estimable, n'emploie un jour sa force à renverser Montmartre et Saint-Chaumont sur des maîtres arrogans?

Attendu que le chevalier de Lens avait raison, la huée recommença contre lui; il passa à une majorité presque unanime que, dans des temps de progrès, l'égalité bien entendue consistait à n'avoir personne au-dessus de soi et bon nombre au-dessous, en un mot, que la société devait être divisée en deux uniques castes : les riches et les pauvres, sans que jamais il fût permis aux seconds de se rapprocher des premiers.

# CHAPITRE XIX.

Où sont ceux qui ne tournent pas vers le point d'où souffle le vent de la fortune ?
*Morale des Orientaux.*

# La Contre-Partie.

Ce texte était traité avec une chaleur d'intérêt personnel qui paraissait fort divertissante au chevalier de Lens, lorsqu'un domestique, venu de dehors, se pencha à l'oreille de M. Morase, et lui annonça la visite de son notaire, M. Dulion. Le dîner touchait à sa fin, on avait servi le dessert, et il était presque temps de rentrer dans le salon. M. Morase, curieux de connaître le motif qui ramenait chez lui son notaire, trois jours après sa dernière visite, donna le signal de se lever, empiétant ainsi sur le droit de sa sœur, qui s'en vengea en lui adressant une querelle aigre sur le fait de son peu d'égard pour les dames. Lui s'en tourmenta peu, occupé qu'il était d'ailleurs à faire passer à la porte les convives selon leur rang; il savait que nos amateurs modernes de l'abolition de tout privilége ne veulent aucunement perdre celui de tenir dans le monde la place que leur acquiert leur importance sociale.

Ce cérémonial n'était pas sans difficulté. Ici, au lieu de s'effacer devant autrui sans pour cela rien perdre de sa propre valeur, on s'efforçait au contraire de le devancer. L'étiquette se manifestait par des prétentions au pas de la course; les femmes surtout mettaient à cet acte une attention très-plaisante. La banquière se donnait le pas sur la dame du manufacturier. Madame l'avocate déclarait que la toge de son cher époux lui donnait incontestablement la suprématie. Bref, chacune se mesurait d'un œil superbe et le visage gonflé d'amour-propre et de courroux:

Ce travail pénible terminé enfin, et la compagnie dispersée dans le salon où le café était préparé, M. Morase put s'avancer vers l'officier civil, et le complimenta sur sa bienvenue, dont sans façon il lui demanda le motif.

— Avant de vous le faire connaître, repartit M. Dulion, veuillez me désigner celui de ces messieurs qui est votre locataire, et qui se nomme le chevalier de Lens.

— Le voilà, tout auprès de l'honorable Jusan, un de nos députés du centre, homme d'honneur et d'accommodement.

— Dans ce cas, vous plairait-il l'appeler, et vous sera-t-il agréable que je remplisse ici à son égard une mission toute de bonheur.

La curiosité saisit l'industriel à ces paroles du notaire, en même temps qu'une tristesse indéfinissable descendait dans son cœur; il présumait, d'après ce qui venait de lui être dit, que le chevalier allait avoir une augmentation de fortune qui le placerait en une meilleure condition, et en général ceux qui sont logés aux premiers étages n'aiment pas que les habitans de la mansarde viennent tout à coup s'établir sur le même palier. Un pareil fait, quand il arrive, peine beaucoup les partisans de l'égalité du jour.

Cependant le désir de savoir ce que la fortune voulait à ce *pauvre diable de noble* l'emporta sur tout autre sentiment dans le cœur de M. Morase, qui, du moins, désirant jouir des derniers instans de supériorité numérique qu'il avait eue jusque là, appela le chevalier par un geste tel qu'un protecteur se le permet à l'égard de son protégé. Le chevalier, avec une humilité malicieuse, se hâta d'accourir.

— Qu'est-ce, mon digne propriétaire, que voulez-vous de votre humble serviteur?

— Moi, rien mon cher ami; mais voilà M. Dulion, notaire respectable, assez riche pour se passer de faire un malheur, qui prétend avoir à causer avec vous, et qui vous apporte, dit-il, une bonne nouvelle.

— Est-ce une restitution de la part de certains acquéreurs de mes biens légitimes dits nationaux ?

—C'est, dit le notaire, d'abord une lettre qui est venue officiellement de l'ambassade d'Espagne, et pour laquelle j'ai donné un reçu ; c'est ensuite un paquet que m'a remis un secrétaire de légation de ladite ambassade. Le tout bien en règle et suivi d'une instruction d'une personne à moi bien connue, à laquelle je me conformerai exactement.

Le notaire, à ces mots, et procédant avec un ordre méthodique, tira d'abord la lettre de son portefeuille, et la donna au chevalier, à qui elle était adressée ; chacun porta les yeux dessus, et s'ébahit de la grandeur du cachet et du blason des armoiries accompagnées d'ornemens extérieurs, tous portant la marque d'une haute position féodale dans celui qui se servait d'un tel sceau.

Les industriels du commerce et du barreau

sont assez avides d'apprendre ce qui ne les regarde pas, ils ont ce besoin des commerces auxquels ils tiennent par tant de rapports, et, en cette circonstance, chacun se rangea en cercles concentriques autour de M. Morase, du notaire et du chevalier de Lens. Un groupe isolé se forma composé du général Malvière, du député Jusan et de M. Varien, cet *omnis homo* du château des Tuileries. Les femmes ne se montrèrent pas moins empressées que le reste de la compagnie, et madame Doussel dit à la veuve de l'entrepreneur de bâtimens :

— Hélas ! je serais charmée que ce vieillard ait un morceau de pain à manger de plus, cela lui aidera à payer ses termes.

— Est-ce qu'il les retarde ? demanda madame Robin.

— Non pas précisément ; mais enfin nous serons plus certains de ne pas les perdre.

Le seul Rinaldi demeura en arrière de toute l'assemblée, il s'était jeté dans un fauteuil, et paraissait plongé dans une série de réflexions pénibles; il aurait déjà voulu quitter le salon, mais il ne le faisait point en vertu de cette urbanité à laquelle il ne manquerait dans aucun temps.

Le chevalier de Lens avançait vers une vieillesse prolongée, conservant encore beaucoup de force de corps et de fraîcheur d'imagination ; ses yeux seulement s'étaient affaiblis, et surtout le soir s'il avait à lire il lui fallait emprunter des secours étrangers. Il tira de leur étui de peau noire une paire de lunettes d'écaille et les posa lentement sur son nez après les avoir essuyées à plusieurs reprises, tourna, retourna la lettre, en examina le cachet et alors se mit à dire :

—Oh, oh! quoi! le prince de Montalban donne signe de vie... C'est, messieurs et mesdames, poursuivit-il, en s'adressant à toute l'assemblée, un pauvre homme, Français d'origine, riche de trois millions de rente, domicilié depuis cinquante ans en Espagne, où il est sept fois grand. Il porte la toison d'or ; que sais-je, encore ; qui sait le nombre de ses duchés, marquisats, baronnies, comtés, principautés, tant dans la Péninsule qu'en Italie et en Allemagne? Ce que je dis, est-ce faux? est-ce vrai? je vous le demande, monsieur Dulion.

Le notaire, ainsi interpellé, répondit que pour sa part il administrait six cent mille francs de rente, que possédait en France ledit prince de Montalban, soit en terres, soit en actions sur la Banque ou dans les fonds publics.

A cette révélation d'une fortune aussi colossale, il se répandit parmi les assistans une solennité d'envie et de respect mêlés ensemble, dont la meilleure portion se réfléchit sur le correspondant d'un aussi grand seigneur. Déjà, et par un mouvement involontaire, ceux qui se tenaient presque contre le chevalier de Lens s'écartèrent de lui, et agrandirent le cercle dans lequel on le tenait renfermé; lui, parut occupé de la seule joie d'avoir dans ses mains un écrit de son ami. Il en brisa l'enveloppe et se mit à lire à haute voix, comme pour récompenser, par cet acte d'indépendance, l'acte de bassesse dont il était déjà l'objet.

« Cher chevalier et bon parent,

» Quoique éloigné de la France depuis un
» demi-siècle, je n'ai pas oublié la famille
» dont je sors. J'ai peut-être tardé bien long-
» temps à revenir à elle; il a fallu des années
» pour me faire oublier.... vous savez mes
» griefs? je ne les retracerai pas ici. Mes
» deux neveux sont morts : j'aurais dû les
» précéder dans la tombe; je leur survis,
» contre la loi de la nature. J'apprends que
» l'aîné, marié plus tard que son frère, a
» laissé une fille sans fortune, et digne d'en
» avoir par ses rares qualités. Je ne peux
» souffrir qu'une personne de mon nom soit
» dans le malheur. Je vous charge de me
» représenter auprès d'elle. Je vous trans-
» mets tous les droits que j'ai, en vertu de
» mon titre de grand-oncle, déclarant que
» j'approuve ce que vous déciderez à son
» égard; vous aurez désormais à administrer
» pour elle, et sans lui en rendre aucun
» compte, les terres, meubles, rentes, ac-
» tions, contrats, etc., en un mot, tout ce
» que je possède en France, et qui s'élève à

» un peu plus que six cent mille francs de
» rentes. Je lui abandonne cette partie de
» ma fortune, afin de lui servir de dot, et
» pour vous aider de leur conseil sans qu'ils
» puissent aucunement s'immiscer dans le
» maniement des revenus, ni dans le choix
» du mari futur qui doit uniquement regar-
» der ma petite nièce, je vous adjoints deux
» hommes dont on m'a dit force bien, le
» général baron Malvière, et M. Denisal,
» avocat célèbre, les priant de concourir
» avec vous à cette bonne œuvre, et me
» confiant à vous trois du bonheur à venir
» de ma petite nièce, mademoiselle Julie-
» Gabrielle-Apolline de Trencavel... »

Un fantôme hideux, apparaissant tout à coup au milieu du salon, ou une amnistie pour délits politiques, proclamée par le gouvernement actuel, n'auraient pu produire une surprise, une stupéfaction aussi profonde que le nom révélé inopinément de la petite nièce du prince de Montalban, sept fois grand d'Espagne, chevalier de la Toison d'or, et seigneur suzerain de plusieurs millions de rente. Ce fut un coup de théâtre plaisant et triste à la fois, un bouleversement d'idées, de projets, un retour sur soi-même, un accablement sans exemple, la mort presque pour les uns, une espérance pour les autres.

Les quatre Morase demeurèrent confondus. Le père, hors de lui de voir une aussi riche proie enlevée à sa tutelle; le fils, déplorant l'indifférence avec laquelle il avait traité jusque-là sa cousine-germaine; madame Doussel, désolée à la vue de l'ascension rapide de cette petite fille, que naguère encore elle traitait avec un dédain mêlé de mépris; mais plus que ces trois personnes ensemble, Astasie succombait, rongée jusqu'au fond de l'ame par un désespoir sans pareil. Que pouvait-il lui arriver de plus fatal que ce triomphe de sa rivale, en grâces, en beauté, en jeunesse, que ces richesses immenses, venant enlever Apolline à son humble position, pour l'asseoir sur un trône où elle serait adorée?

Astasie, quoique bien étourdie, vivait trop entièrement avec les serviteurs de la fortune pour douter de la conduite qu'ils allaient tenir. Elle les voyait déjà passer vers Apolline, se mettre à ses pieds, et se déclarer ses esclaves. Certes Rinaldi ferait comme eux; et si déjà il aimait mademoiselle de Trencavel dans sa misère, que ferait-il maintenant? Toutes ces pensées émurent Astasie, au point qu'elle ne put se retenir de répandre des larmes, et de laisser éclater son chagrin; mais qui s'en aperçut? on était bien autrement occupé, les uns à féliciter le chevalier de Lens sur ses rapports intimes avec un aussi grand personnage, à écouter les détails généalogiques qu'il donnait touchant la famille de Trencavel. Le prince de Montalban était l'oncle paternel du père de Léopold et d'Astasie, et du prince d'Amalfi, qui habitait Naples.

Ce vieillard, sorti jeune de France, brouillé avec son père, qui le deshérita, était passé d'abord au Mexique, où il épousa une très-riche héritière qui lui laissa un fils lorsqu'elle mourut. Cet enfant décéda lui-même. Peu après, M. de Montalban se maria en secondes noces à l'héritière d'un grand d'Espagne, dont il eut encore un fils qui ne vécut pas non plus. Ces décès pénibles à son cœur, et la faveur dont l'honora toujours la cour de Madrid, facilitèrent l'accroissement de sa fortune. Elle s'augmenta en outre des effets d'une bonne administration. Le prince de Montalban, Trencavel est son nom, s'était toujours montré irrité contre ses parens de France, et avait rompu avec eux dès avant la révolution. Depuis il ne s'en était pas rapproché davantage, et la démarche qu'il faisait aujourd'hui paraissait être la première qui fût destinée à revenir sur ses sentimens antérieurs.

M. Dulion, à la suite de cette explication, remit au chevalier de Lens les actes légaux qui corroboraient juridiquement les intentions manifestées par la lettre du prince. Il les déclara tous en bonne forme, et en donna la meilleure preuve en ajoutant que désormais il se regardait comme le mandataire de M. le chevalier.

L'importance de celui-ci ne manqua pas non plus de prendre une extension rapide. Ce pauvre gentilhomme devint instantanément un gros monsieur très-respectable et digne de considération gracieuse aux yeux de tel qui, pendant le dîner encore, l'avait traité avec arrogance; mais parmi tous ceux qu'un événement aussi singulier transporta sur un terrain nouveau, aucun ne fut amené plus loin que le général Malvière, et M. l'avocat Denisal. Ni l'un ni l'autre ne s'étonnèrent que le prince de Montalban les connût. Ils s'occupèrent uniquement de l'honneur qu'il leur faisait et des fonctions de curatelle qui leur étaient dévolues. Le premier, s'adressant au chevalier de Lens, lui dit :

— Je suis flatté, monsieur, de la marque de confiance que je reçois de votre illustre parent. Je crois en être digne, par l'estime que j'ai toujours portée à sa vénérable famille, par le respect que m'inspirent ses membres. Notre tâche sera facile. Mademoiselle de Trencavel, ce modèle des perfections humaines, loin d'avoir besoin de nos avis, est très-capable de nous donner des exemples à suivre de conduite et de magnanimité.

— J'ai toujours reconnu dans cette *auguste demoiselle*, s'écria en même temps l'avocat, des vertus supérieures, et ce sera avec autant d'affection que d'énergie que je lui consacrerai mon éloquence, ma pratique et mon temps. Il est possible que mon zèle déplaise à des ennemis de ma belle cliente; mais voyez-vous, monsieur le chevalier, je suis connu ; ma sensibilité, mon dévouement au malheur ne peuvent être mis en doute :

Je me range toujours du parti qu'on opprime.

Ceci faisait une allusion visible aux diatribes lancées naguère contre Apolline, et auxquelles l'avocat oubliait qu'il avait pris sa part; mais nul ne voulait le lui reprocher; tous souhaitaient, au contraire, que le passé demeurât en oubli. On parlait avec chaleur, on s'interrogeait, on se répondait avec exclamation. Ces six cent mille francs de rente, dont une jeune fille allait avoir la disposition absolue, par le choix d'un époux qui lui était pleinement remis, faisaient travailler les spéculateurs qui se trouvaient là. On se créait des prétentions admissibles ; on se cherchait des droits fondés sur des égards, des politesses qu'on n'avait pas eus pour la jeune et noble héritière, comme on la qualifiait maintenant. On s'informait où elle pouvait être, où il fallait courir pour être des premiers à lui présenter un hommage désintéressé. Les Morase gardaient un silence opiniâtre qui laissait l'assemblée péniblement en suspens.

Un seul parmi les convives, et qui, pendant le dîner, lorsque l'on accusait Apolline d'ingratitude envers ses parens maternels, s'était retenu de prendre sa défense, comme il aurait dû le faire, le marquis de Saint-Estève, sachant où il trouverait mademoiselle de Trencavel, s'y rendit en grande hâte. Il s'éclipsa sans faire de bruit.

Que faisait Rinaldi pendant l'agitation dont fut suivie la lecture de la lettre du prince de Montalban? Il demeura dans son immobilité taciturne. Peut-être qu'une teinte plus sombre de chagrin se répandit sur ses traits. Il ne songea ni à se rapprocher du chevalier de Lens ni à fournir sa part au concert d'éloges adressé aux jeunes Trencavel. Astasie remarqua avec surprise cette indifférence affectée, et s'en réjouit sans trop savoir pourquoi elle lui paraissait étrange. Peut-être amènerait-elle une crise défavorable à cet étranger, du moins Astasie se promit de s'unir plus intimement que jamais à madame de Mareil, dont le concours, en ce moment fatal, devenait sa seule ressource.

M. Morase, véritablement pétrifié, ressentait les angoisses du remords et de l'intérêt blessé. Que serait-il arrivé si, au lieu de maltraiter sa nièce, il avait voulu en faire sa fille, en la donnant à Urbain ? que maintenant il recueillerait tant de fortune, et certes elle aurait établi une maison qui aurait rivalisé avec les plus *cossues* de la banque actuelle ; et au lieu d'un tel résultat il avait provoqué celui d'une juste vengeance. Sa nièce, son neveu, chassés de sa maison, et le matin même. Oh ! que la punition avait de près suivi la faute ! Et ce chevalier de Lens, rendu le témoin de sa mauvaise action, dans quel but s'était-il introduit chez lui ? Était-ce par hasard ? Non, sans doute. Morase conjecturait qu'il n'avait paru dans la maison qu'en émissaire du prince de Montalban, et pour juger à l'avance du caractère de Léopold et d'Apolline. Pourquoi, enfin, Léopold n'était-il pas mentionné dans l'acte de munificence du grand oncle? Tout cela le troublait, et il aurait souhaité que la compagnie l'eût laissé à ses réflexions.

M. Varien, étant demeuré à l'écart, comme pour méditer sur ce qu'il avait à faire dans cette circonstance, prit soudainement son parti; et, traversant la foule et l'écartant, avec cette arrogance d'un parvenu anobli, se fit jour jusque auprès du nouveau tuteur d'Apolline, et lui dit :

— Monsieur le chevalier, ne doutez pas du plaisir que Sa Majesté aura de vous admettre à son cercle. Il conviendra sans doute que mademoiselle de Trencavel fût présentée incessamment à la cour.

— Oui, répliqua le chevalier, il est possible que je fasse bientôt avec elle le voyage de Prague.

Cette insolente réponse passa pour une agréable plaisanterie. La pupille du chevalier de Lens était *fortunée* de six cent mille francs de rente.

FIN DU TOME PREMIER.

## Ouvrages de M. Gustave Drouineau.

**L'IRONIE**, 2ᵐᵉ ÉDITION, 2 vol. in-8°. Prix : 15 fr.
**CONFESSIONS POÉTIQUES**, 1 vol. in-8°. Prix : 8 fr.
**RÉSIGNÉE**, 3ᵐᵉ ÉDITION, 2 vol. in-8°, vignettes. Prix : 15 fr.
**LE MANUSCRIT VERT**, 3ᵐᵉ ÉDIT., 2 vol. in-8°, vignettes. Prix : 15 fr.
**LES OMBRAGES**, 2ᵐᵉ ÉDIT., 1 vol. in-8°, vignettes. Prix : 7 fr. 50 c.

## Publications récentes.

**MÉMOIRES ET VOYAGES DU CAPITAINE BASIL HALL**, 4 vol. in-8°. Prix : 30 fr.
**SCHINDERHANNES, OU LES VOLEURS DU RHIN**, par Leich Ritchie, traduit par Defauconpret, 2 vol. in-8°. Prix : 15 fr.
**INDIANA**, par Georges Sand, 4ᵐᵉ ÉDIT., revue et corrigée, ornée de deux vignettes dessinées par Tony Johannot, 2 vol. in-8°. Prix : 15 fr.
**VALENTINE**, par Georges Sand, 3ᵐᵉ ÉDIT., revue et corrigée, ornée de deux vignettes dessinées par Tony Johannot, 2 vol. in-8°. Prix : 15 fr.
**LES DEUX ANGES**, par Arnould Fremy, 2 vol. in-8°. Prix : 15 fr.
**ELFRIDE**, par le même, 2 vol. in-8°. Prix : 15 fr.
**L'ÉCONOMIE POLITIQUE**, contes de miss Harriet Martineau, traduits de l'anglais par B. Maurice. — 1ʳᵉ SÉRIE, contenant : *la Colonie isolée, la Colline et la Vallée, le Village et la Ferme.* — 2ᵐᵉ SÉRIE, renfermant : *Demerara, Ella de Garveloch, la Mer enchantée.* — 3ᵐᵉ SÉRIE, (sous presse). Prix de chaque volume in-8°, 7 fr. 50 c.
**UNE HEURE TROP TARD**, roman, par Alphonse Karr, 2ᵉ ÉDIT., 2 vol. in-8°, vignettes. Prix : 15 fr.
**NAPOLINE**, poëme, par Mᵐᵉ Émile de Girardin, née Delphine Gay, 1 vol. in-8°. Prix : 8 fr.
**MARIE OU L'INITIATION**, roman, par Francis Dazur, 2 vol. in-8°. Prix : 15 fr.
**LES CONTEURS RUSSES**, ou Nouvelles, Contes et Traditions russes, par Bulgarine, Karamsine, Narejni, etc., traduits du russe par Ferry de Pigny et J. Haquin, 2 vol. in-8°. Prix : 15 fr.
**UN ENFANT**, roman nouveau, par Ernest Desprez, 2ᵉ ÉDIT., 3 vol. in-12. Prix : 12 fr. 50 c.
**CAUSERIES DU LOUVRE**, ou Salon de 1833, par A. Jal, 1 vol. in-8°. Prix : 7 fr. 50 c.
**HISTOIRE DE LA VIE ET DES VOYAGES DES COMPAGNONS DE CHRISTOPHE COLOMB**, par Washington Irving, suivie de la Vie de Pizarre, et de la Vie de Fernand Cortez ; ouvrages traduits de l'anglais par Defauconpret, 3 vol. in-8°, ornés de 3 cartes. Prix : 21 fr.
**LE BOURREAU DE BERNE, OU L'ABBAYE DES VIGNERONS**, roman nouveau, par J. Fenimore Cooper, 4 vol. in-12. Prix : 10 fr.

ÉVERAT, Imprimeur, rue du Cadran, N° 16.

www.ingramcontent.com/pod-product-compliance
Lightning Source LLC
Chambersburg PA
CBHW060616170426
43201CB00009B/1034